Kerstin Plehwe (Hrsg.)
Demokratie leben lernen

Kerstin Plehwe (Hrsg.)
Demokratie leben lernen
Jugend, Politik und gesellschaftliches Engagement

ISBN 978-3-9812629-3-3
Hanseatic Lighthouse

Die Deutsche Bibliothek – CIP-Einheitsaufnahme
Ein Titelsatz für diese Publikation ist bei der
Deutschen Bibliothek erhältlich.

1. Auflage, Januar 2011
© Copyright by Hanseatic Lighthouse GmbH & Co. KG, Hamburg

Printed in Germany

Ihre Meinung zu diesem Buch ist uns wichtig.
Schreiben Sie dafür gerne an: info@hanseaticlighthouse.de

Demokratie leben lernen
Jugend, Politik und gesellschaftliches Engagement

Hanseatic Lighthouse

Inhalt

I. Jugend, Politik und gesellschaftliches Engagement – eine Einführung

II. Demokratie lernen

III. Demokratie leben

IV. Förderung jugendlicher Partizipation – die internationale Perspektive

Grußwort

Staatssekretärin Claudia Zinke
Senatsverwaltung für Bildung, Wissenschaft und
Forschung des Landes Berlin

Eine lebendige, starke Demokratie braucht junge Menschen, die den Mut haben, ihre Meinung zu sagen und sich mit anderen Meinungen auseinanderzusetzen.

Demokratieerziehung ist deshalb eine zentrale Aufgabe für Kindertagesstätten, Schulen, der außerschulischen Jugendbildung und natürlich auch der Familien. Demokratisches Verständnis entwickeln Kinder und Jugendliche ganz besonders über persönliche Erfahrung und über eigenes Handeln. Elementare Grundlagen hierfür werden bereits im frühkindlichen Entwicklungsstadium gelegt. Partizipation und Selbstverantwortung müssen deshalb früh und möglichst in allen Lebenszusammenhängen erlernt und erfahren werden. Die Bereiche Partizipation, Selbstwirksamkeit, Lebensweltorientierung und das Lernen der Gleichaltrigen voneinander stehen hierbei im Vordergrund.

Berlin beteiligt sich deshalb z.B. als eine von drei Modellregionen in Deutschland – neben Sachsen-Anhalt und Rheinland-Pfalz – an dem Bildungsprojekt „jungbewegt", das von der Bertelsmann Stiftung initiiert wurde. Ziel des Projektes ist es, jungen Menschen unabhängig von ihrer Herkunft und ihrem Bildungsstand Zugang zum gesellschaftlichen Engagement zu ermöglichen und sie damit über alle Lebensphasen hinweg zur aktiven Mitgestaltung des demokratischen Gemeinwesens zu motivieren. Das Projekt sieht vor, dauerhafte

Strukturen der Engagementförderung in Kindertagesstätten, Schulen und Jugendfreizeiteinrichtungen zu entwickeln.

Doch nicht nur im Rahmen dieses Projektes unterstützt Berlin demokratisches Lernen von Kindern und Jugendlichen. Grundsätzlich ist es unser Anliegen, Kindern und Jugendlichen ausreichend Freiräume zu geben, in denen sie selbst demokratisches Handeln lernen und erfahren können. Neben den formalen Bildungsinstitutionen kommt der außerschulischen Jugendbildung hier eine besondere Bedeutung zu. So beteiligen sich bereits Kinder in den Jugendverbänden an Meinungsbildungsprozessen und Entscheidungsfindungen, wenn es zum Beispiel um Themen und Aktivitäten ihrer Gruppe geht. Sie lernen, eigene Belange und Bedürfnisse wahrzunehmen, zu formulieren und sich zunehmend auch öffentlich und in politischen Gremien für deren Realisierung einzusetzen. In fast allen Berliner Bezirken bestehen darüber hinaus Beteiligungsmöglichkeiten, wie Kinder- und Jugendparlamente, in denen konkrete Projekte mit und von Kindern und Jugendlichen im eigenen Lebensraum umgesetzt werden.

Bereits 2009 hat das Land Berlin mit dem Landesjugendring Berlin ein Abkommen für die Jugend vereinbart. Dieses sieht explizit vor, dass alle Politikfelder auch unter dem Blickwinkel von Jugendlichen zu betrachten sind – Jugendpolitik somit Querschnittspolitik ist. Zeitgleich wurde ein Runder Tisch Jugend eingerichtet. Die Förderung des ehrenamtlichen Engagements war das Thema des ersten Runden Tisches, der im Sommer 2010 stattfand. Es wurden konkrete Vereinbarungen getroffen, wie das ehrenamtliche Engagement Jugendlicher gefördert werden kann.

Seit zehn Jahren findet in Berlin das Jugendforum statt. An diesem Tag gehört das Berliner Abgeordnetenhaus den Berliner Kindern und Jugendlichen. Das gesamte Forum wird von Kindern und Jugendlichen vorbereitet. In verschiedenen Diskussionsforen können sie sich aktuellen Themen widmen und ihre Meinung direkt mit Berliner Abgeordneten austauschen. Darüber hinaus können die Forderungen im Runden Tisch der Jugend 2011 Eingang finden. Gleichzeitig stellen sich viele Projekte der Berliner Kinder- und Jugendhilfe vor und laden – auch über den Tag hinaus – zum Mitmachen ein.

Zusätzlich wird zu Berliner und Bundestagswahlen ein großes Projekt „U 18" durchgeführt. Hier können Kinder und Jugendliche, die noch nicht wahlberechtigt sind, zehn Tage vor der regulären Wahl, „ihre Stimme abgeben". Es geht jedoch um mehr, als nur ein Kreuz zu machen. Der Wahlakt ist eingebettet in die Auseinandersetzung mit Politik, Wahlprogramm und Demokratie.

Wie dieser kleine Ausschnitt der vielfältigen Angebote zeigt, ist die Demokratieerziehung in Berliner Bildungseinrichtungen von der Kita über die Schule bis hin zu der außerschulischen Jugendbildung ein selbstverständlicher und wesentlicher Baustein von Bildung in Berlin und gewährleistet, dass alle Kinder und Jugendlichen für eine aktive Teilhabe am demokratischen Prozessen befähigt werden.

Vorwort

„Demokraten fallen nicht vom Himmel". Schon der bedeutende Politikwissenschaftler und Staatsrechtler Theodor Eschenburg machte mit diesem Ausspruch deutlich: Unsere Demokratie ist die einzige politische Gesellschaftsform, die täglich und beständig gelernt werden muss.

Diese Herausforderung gilt es heute wieder verstärkt im Bewusstsein der Menschen zu verankern. Denn die steigenden Nichtwählerzahlen und wachsende Skepsis gegenüber politischen Entscheidungsträgern geben nicht nur ernsthaften Grund zur Sorge, sondern fordern geradezu von allen gesellschaftlichen Akteuren die Suche nach neuen Wegen und Instrumenten, um zunehmender Demokratieverdrossenheit die Stirn zu bieten.

In vielen Bereichen gesellschaftspolitischen Lebens zeigt sich: Demokratie muss gelebt werden. Die Menschen selbst sind für ihre Demokratie verantwortlich. Jede Demokratie lebt vom Engagement ihrer Bürger. Demokratie ist sowohl Aufgabe wie auch Gestaltungschance für alle Bürger. Damit ist nicht nur die Übernahme politischer Mandate oder die Beteiligung an Wahlen gemeint, sondern auch das tägliche aktive Erleben und Mittun im persönlichen Umfeld. Auch dieses aktive Gestalten in unserem Gemeinwohl fällt nicht vom Himmel. Es muss sowohl vorgelebt, als auch persönlich erfahren werden. Allerdings ist das „sich zuständig fühlen" für das Gemeinwohl in Deutschland weniger stark ausgeprägt als in anderen Ländern und viele gesellschaftpolitische Institutionen können die vielen positiven Aspekte des sog. „civic engagements" nicht für sich bzw. die Gesellschaft als Ganzes nutzen.

In vielen Ländern gehört daher das Erfahren gesellschaftlicher Verantwortung schon im frühen Kindesalter zu den zentralen Aufgaben von Kindergärten und Schulen. Die von demokratischen Strukturen getragenen und geförderten gesellschaftlichen Einrichtungen geben jungen Menschen erst die Chance, sich in die Gesellschaft zu integrieren und von ihr zu profitieren. Diese positiven Erfahrungen gilt es der Gesellschaft und vor allem der nächsten jungen Generation wieder zurückzugeben.

In dieser Form entsteht ein demokratischer Gesellschaftsvertrag, der von Generation zu Generation weitergegeben wird.

Es gibt zunehmend positive Beispiele in den letzten Jahren, die zeigen, dass die Menschen dieses aktive Engagement wieder verstärkt leben. Die Bürger fordern auch wieder vermehrt Mitsprache in politischen Entscheidungsprozessen ein, was die Diskussion um den Ausbau des Stuttgarter Hauptbahnhofes eindrucksvoll demonstriert. Einige dieser spannenden und innovativen Beispiele haben wir auf dem 2. Internationalen Demokratie-Symposium im September 2010 vorgestellt. Das Symposium im UN Jahr für „Jugend und Dialog" war dem Thema „Demokratie leben lernen – Jugend, Politik und gesellschaftliches Engagement" gewidmet.

Über 20 Referenten aus Deutschland, Großbritannien, Frankreich, Österreich, Rumänien, Serbien und den USA teilten ihre wissenschaftliche und praktische Expertise im Bereich der Förderung demokratischer Lernprozesse bei Kindern und Jugendlichen. Im Rahmen dieses internationalen Austausches zwischen Akteuren aus Politik, Medien, Zivilgesellschaft und Wirtschaft wurde sehr deutlich: Entgegen der herkömmlichen und häufig kolportierten Vorurteile sind viele Kinder und Jugendliche bereit, sich für das Gemeinwohl einzusetzen. Diese Chance dürfen wir nicht vergeben. Noch viel zu selten wird heute diese Engagementbereitschaft und soziale Verantwortung junger Menschen anerkannt, systematisch gefördert und in die Entwicklung unseres Gemeinwesens eingebunden.

Entscheidend für das Hineinwachsen in die Demokratie ist die Erfahrung, dass man sein Umfeld aktiv mitgestalten kann und diese Gestaltung auch willkommen ist. Junge Menschen sind bereit, sich für das Gemeinwesen einzubringen, wenn sie erfahren, dass sie für die Demokratie gebraucht werden. Diese Erkenntnis zieht sich wie ein roter Faden durch die Beiträge dieses Herausgeberbandes. Es zeigt sich aber auch die Notwendigkeit eines Bewusstseinswandels auf allen Ebenen, seien es Kindertagesstätten, Schulen, Kommunen oder Parteien, um Demokratie für Kinder und Jugendliche früh und positiv erfahrbar zu machen.

Dieser Herausgeberband möchte einen Beitrag zu oben genanntem Bewusstseinswandel leisten. Anhand ausgewählter Best-Practice Beispiele wird dargelegt, unter welchen Bedingungen Projekte zur Förderung jugendlichen Engagements erfolgreich sind und warum es sich lohnt, z.B. für eine demokratische Kultur in Bildungseinrichtungen einzutreten.

Die einzelnen Beiträge fügen sich Dank der verschiedenen Hintergründe der Autoren zu einer vielschichtigen Analyse zusammen, wie man junge Menschen für gesellschaftliches und politisches Engagement begeistern kann. Besonders aber freut mich, dass hier nicht nur über Jugendliche geschrieben wird, sondern die engagierten jungen Menschen selbst zu Wort kommen.

Den Autoren sowie dem Redaktionsteam des Buches gilt mein herzlicher Dank. Auch der Deutschen Post sei herzlich gedankt, dem Initiator und Förderer der Initiative ProDialog. Sie macht unser vielschichtiges Engagement für eine nachhaltige Gesellschaftsentwicklung und das Erscheinen dieses Bandes überhaupt erst möglich.

Ich wünsche Ihnen nun viel Spaß bei der Lektüre und hoffe, dass die folgenden Beiträge Sie ebenso informieren und inspirieren, wie die Teilnehmer des 2. Internationalen Demokratie-Symposiums in Berlin.

Herzlichst
Ihre

Kerstin Plehwe
Berlin, im Januar 2011

I. Jugend, Politik und gesellschaftliches Engagement – eine Einführung

Die neue Generation der Demokratie

Kurt Edler, Deutsche Gesellschaft für Demokratiepädagogik e.V.

Wer sich Sorgen um die Menschenrechte und die bürgerlichen Freiheiten macht, hat Anlass zu fragen, ob unsere Demokratie von festem Bestand ist. In diesem neuen Jahrhundert steht sie vor mächtigen, teilweise auch beängstigenden Herausforderungen. Die freiheitlich verfassten Gesellschaften sind nicht nur Zielscheiben eines international operierenden Terror-Netzwerks. Sie sehen sich auch einem Bündnis von Diktaturen gegenüber, die aufgrund ihrer wirtschaftlichen und technologischen Stärke zunehmend selbstbewusst auftreten. Wenn bei der Verleihung des Friedensnobelpreises an einen eingekerkerten chinesischen Menschenrechtsaktivisten eine ganze Reihe von Ländern fernbleibt, dann drücken sie damit auch ihre Zustimmung zur Unterdrückung der Meinungsfreiheit in China aus. Dass wir eine neue politische Epoche betreten, zeigt sich u.a. an der Fähigkeit dieser großen Diktatur, durch reine Wirtschaftsmacht andere Staaten in eine anti-demokratische Front zu zwingen.

Der Rückhalt der Demokratie

Es wäre naiv, auf den Fortbestand unserer Demokratie zu vertrauen, nur weil es eine bewährte Verfassung gibt und weil Parlamente und Gerichte funktionieren. Eine in Stein gemeißelte Demokratie nützt gar nichts, wenn sie nicht auch in den Köpfen und Herzen der Menschen verankert ist und im Alltag gelebt wird. Es gibt jede Menge Beispiele dafür, dass Staaten zwar von der Form her demokratisch sind, ihre Bürger aber dennoch nicht in Freiheit leben. In einer entwickelten demokratischen Gesellschaft hingegen sind die Grundrechte in die Lebenspraxis eingesickert – in allen gesellschaftlichen Bereichen. Wie steinig der Weg dahin ist, davon können viele unserer Freunde in den noch jungen Demokratien Europas ein Lied singen. Sie arbeiten sich an vielen alten Denkweisen und Gewohnheiten ab.

„Es ist so bequem, unmündig zu sein", sagt der Philosoph Kant in seiner berühmten Aufklärungs-Schrift. Wem unter einer Diktatur eingeschärft worden ist, sich nicht in die Politik einzumischen, für den ist die Hürde zum persönlichen Engagement oft sehr hoch.

Doch auch bei uns zu Hause gibt es viel zu tun. Deshalb wäre Arroganz fehl am Platz. Viele Menschen – sogar in der Politik – glauben immer noch, Demokratie wäre in erster Linie ein in Büchern festgelegtes System, und es reiche, dieses System zu pflegen. Das kann aber nicht alles sein. Denn ohne einen Rückhalt in der Gesellschaft ist die Demokratie verloren. Das ist eine der wichtigsten Lehren, die wir Deutschen – mit Blick auf 1933 – aus der eigenen Geschichte gezogen haben. Wenn wir also über die Zukunft unserer gegenwärtigen Demokratie nachdenken, dann geht es um die Demokratinnen und Demokraten von morgen. Das aber sind die Kinder und Jugendlichen von heute.

Demokratie ist Tätigkeit

Wenn die Demokratie in den Köpfen und Herzen vorkommen muss, um gelebt werden zu können, dann ist sie eine Angelegenheit von Bildung und Erziehung. Nur dann kann sie – im Wechsel der Generationen – erneut und verfeinert hervorgebracht werden. Demokratie, so verstanden, ist die Art und Weise, wie die Menschen ihr Zusammenleben im gegenseitigen Respekt ihrer Rechte friedlich und selbstbestimmt miteinander gestalten. Sie ist also nicht nur Ordnung, sondern auch Tätigkeit. Wenn mir Freiheit nur gewährt wird, ich aber selber nichts tun, nichts bewirken kann, ist das noch keine Demokratie. Wenn die Bürger mehr Lust auf Mitwirkung bekommen, als die Gesetze ihnen zugestehen, dann erlebt die Demokratie jene spannende Häutung, deren Zeugen wir derzeit sind.

In der sich entfaltenden Demokratie haben wir es ständig mit dem Wechselspiel zwischen Bürger und Staat zu tun. Beide haben zeitweilig einen gewissen demokratischen Reifegrad erreicht. Dabei ist der eine dem anderen voraus. Manchmal können staatliche Institutionen oder Parteien mit selbstbewussten Demokraten nicht umgehen. Manchmal sind Mittel wie der Volksentscheid noch nicht eingeübt und werden von mächtigen Minderheiten für eigene Interessen missbraucht.

Kommunikationsfähigkeit

Auf beiden Seiten geht es oft um Vorbehalte, Vorurteile oder gar Feindbilder. Aber immer geht es auch um Information und Kommunikation, um Wissen und vor allem um Bildung. Es ist entscheidend für das Gelingen der Demokratie, ob wir die politischen Auseinandersetzungen der Gegenwart unter dem Gesichtspunkt betrachten, inwiefern in ihnen die Kommunikation gelingt.

Unlängst besuchten mich zwei Oberstufenschüler. Für einen Wettbewerb des Bundespräsidenten interviewten sie mich als Zeitzeugen der Anti-AKW-Demonstrationen der achtziger Jahre. Im Mittelpunkt stand der sog. „Hamburger Kessel" von 1986, das stundenlange polizeiliche Festhalten einer Masse von AKW-Gegnern auf dem Heiligengeistfeld. Als grüner Bürgerschaftsabgeordneter hatte ich damals das Privileg, mit „beiden Seiten" sprechen zu können. Aber hat es etwas genützt? Als ich weitererzählte, merkte ich, dass ich meinen Interviewern im Grunde ein riesiges Kommunikationsproblem (mit fatalem Ausgang) darstellte, das auch wir Abgeordneten damals nicht lösen konnten.

Gerade in derartigen Krisenmomenten wird deutlich, wie sehr die Situation von der Fähigkeit der Verantwortlichen abhängt, „mit der anderen Seite reden" zu können. Das gilt auch für betriebliche, geschäftliche, familiäre oder andere Uneinigkeiten. Längst sind wir heute soweit, erkennen zu können, dass der Schlaufuchs in solch einer Situation derjenige ist, der bei seinem Sparringspartner die Grenzen der Kommunikationsfähigkeit erkennt und in sein Kalkül miteinbezieht. Seit den achtziger Jahren hat sich in dieser Hinsicht viel getan, auch wenn es noch hin und wieder zu „Unfällen" kommt. Polizisten lernen Streitschlichtung, Parteien veranstalten interessante Diskussionen mit Andersdenkenden, Abgeordnete werden im Internet bewertet, Manager werden gecoacht, Betriebsleiter machen ein Praktikum in der sozialen Gegenwelt – jenseits der Schule spielt der Faktor Bildung eine riesige Rolle, um die Probleme des gegenseitigen Umgangs professionell zu lösen und neue Sichtweisen aufnehmen zu können. Die Republik der frühen Jahre mit ihren Feindseligkeiten und ihrem groben Werkzeug ist kaum noch zu erkennen. Ich finde schon, dass wir ein bisschen stolz darauf sein können.

Die Republik als Bildungsstätte

Diese Bildung, das also, was zur Reifung und Zivilisierung der Bundesrepublik beigetragen hat, ist kein totes Wissen, das im Regal steht, sondern demokratische und soziale Handlungskompetenz. Oft wurde sie „einfach so" erworben, durch Versuch und Irrtum – besonders schmerzlich oder teuer bei Demonstrationen – oder durch private Lektüre nach Feierabend oder auch durch schlichte Menschenkenntnis, auf der Grundlage von Besonnenheit und in dem Bewusstsein, selber nicht immer Recht zu haben (welches wir ja der chinesischen KP auch wünschen würden).

Es lohnt sich, einen Augenblick über dieses sonderbare Phänomen nachzudenken. Wir sprechen von Informations- und Bildungsprozessen jenseits des eigentlichen Bildungsbereichs. Offensichtlich scheint die demokratische Gesellschaft mit zunehmender kommunikativer Offenheit selber eine riesige Bildungsstätte zu sein. Das ist ja im Grunde die Hoffnung der Aufklärung: Dass die Freiheit nicht totzukriegen ist, weil man den Menschen auf die Dauer nicht darin hindern kann, selber zu denken und seine Gedanken weiterzugeben. Tut er dies, vervollkommnet sich seine Freiheit. Und gerade darin liegt die Zuversicht der Demokratie – dass nämlich Diktatur blöd macht, weil die Nachbeterei der Phrasen eines „Großen Führers" nicht befähigt, die Probleme der Gesellschaft und des Staates zu lösen.

Wenn also Erwachsene – auch auf ihre alten Tage noch – Demokratie lernen können, wo tun es dann die Kinder? Man sieht, wir nähern uns der Schule, zumindest in Gedanken. Die Bedeutung dieser Einrichtung ist nicht zu unterschätzen. Sie ist die einzige öffentliche Einrichtung, in der jeder junge Mensch einen erheblichen Teil seines Lebens verbringt.

Von welcher Jugend reden wir?

Nun ist es jedoch nicht so, dass sich seit den fünfziger Jahren nur die erwachsenen Bewohner unseres Landes – im Generationenvergleich – verändert hätten. Auch der junge Mensch ist ein ganz anderer als damals. Wenn wir den Staat der Gegenwart fragen, ob er zu den Bürgern von heute passt, müssen wir auch die Schule der Gegenwart fragen, ob sie zu den jungen Bürgern von heute passt. Viele Kinder und Jugendliche von heute sind uns, der Nachkriegsgeneration, weit voraus. Sie müssen zwar nicht mehr auf den Kartoffelacker; aber sie kommen mit einem Chaos in ihrer Umgebung und mit einer Unüberschaubarkeit des eigenen Lebensweges oft sehr gut zurecht.

Nicht immer war es in der Menschheitsgeschichte üblich, dass Lehrer von ihren Schülern lernten. Nur die Klügsten, wie Sokrates, taten es. Heute sind die Pädagogen mit der informiertesten aller jungen Generationen konfrontiert, und oft helfen Schüler ihren Lehrern, sich am Computer oder im Netz zurechtzufinden. Sie können aber noch viel mehr. Die emanzipierte Gesellschaft, welche die Fundamentalisten so hassen, ist eben nicht nur voller Gefahren und Versuchungen, sondern auch voll herrlicher Chancen und Lerngelegenheiten. „Wo aber Gefahr ist, wächst das Rettende auch", heißt es bei Hölderlin. Viele Prozesse des Lebensalltags, die früher in der Zuständigkeit von Amts- oder Respektspersonen lagen, werden heute ganz selbstverständlich von Kindern und Jugendlichen gemanagt – vor allem, wenn nur sie es können, nicht aber ihre Eltern. In der Einwanderergesellschaft ist das ein unschätzbares Plus.

Erkennen, was junge Menschen können

In dem Maße, wie der junge Mensch an der sinnvollen Regelung von Alltags-Angelegenheiten beteiligt ist, erwirbt er Kompetenzen. Er spezialisiert sich. Er darf mitreden. Das wiederum ist ein Ansporn, es richtig zu lernen. Betreten wir nun mit ihm die Schule. Als Schülerin oder Schüler ist dieser junge Mensch zweifellos eine wertvolle Beratungskraft in Sachen Gerechtigkeit, Leitungskompetenz und Schulentwicklung. Unter Schulentwicklern geht sogar die Rede, der Schüler sei der eigentliche Unterrichtsprofi. Mit einem gewissen Recht – denn zumindest merkt er selber am besten, wenn er nichts lernt. Wo aber, an wie vielen Schulen in Deutschland, wird diese Kompetenz vom System genutzt?

An vielen Schulen in Deutschland hängt im Rektorentrakt immer noch, mit Blick auf die Schüler, das unsichtbare Schild: „Wir dürfen nicht hinein" – so, als wäre das, was sich hinter den Türen abspielt, unsittlich und nicht jugendfrei. Das ist schade. Denn damit ein Kind sich mit der Demokratie identifiziert, muss es in der Schule ein ganz einfaches Gefühl erleben können: die Freude an der Mitsprache, an der Aushandlung, an der Mitgestaltung. Und es muss das Vertrauen der Erwachsenen spüren, dass es mit seiner Sicht der Dinge ernst genommen wird. Dazu aber bedarf es echter Mitwirkungsgelegenheiten. Wir dürfen uns nicht wundern, wenn Schüler keine Lust auf Gremien haben, in denen es nichts Wichtiges zu entscheiden gibt.

Demokratietest für die Schule

Wir schauen mithin auf ein riesiges Feld von Möglichkeiten der Demokratisierung einer Institution, die im Wettbewerb mit anderen Teilen der Gesellschaft vor der Frage steht: Bin ich eigentlich ein Vorbild? Es liegt nahe, den folgenden Grundsatz zu formulieren: In einer zukunftsfähigen demokratischen Gesellschaft ist die Schule demokratischer als der Durchschnitt der übrigen Institutionen. Denn sie muss ja als Einrichtung Vorbild sein für andere gesellschaftliche Bereiche und insofern mit gutem Beispiel vorangehen.

Wenn in Deutschland wieder einmal Aufregung herrscht, weil neue PISA-Ergebnisse unterwegs sind, sollte sich diese Aufregung also nicht auf die fachliche Schülerleistung beschränken. Genauso wichtig sind Fragen wie: Was leistet die Schule? Gibt sie den Demokratinnen und Demokraten von morgen eine Lerngelegenheit, die wirklich motiviert und trainiert? Lässt sie den Ernstfall echter Mitentscheidung zu?[1] Gibt es Gelegenheit, Verantwortung für wesentliche Angelegenheiten zu übernehmen, oder beschränkt sich diese Teilhabe auf das Saubermachen im Klassenzimmer? Nicht nur bei den Schülerinnen und Schülern, sondern auch bei der Schule geht es also um die Haltung. Sieht sie ihre Schüler nur als Schüler oder auch als künftige aktive Bürger einer demokratischen Republik?

Wer von außen auf die Schule sieht und nur an die Schule seiner Kinderjahre denkt, ist leicht in Gefahr, in seinem Kopf Schule auf Unterricht und Unterricht auf fachlichen Wissenserwerb zu reduzieren.

---

1 *Sehr wünschenswert wäre es, wenn die Schulen die Qualitätsstandards des Nationalen Aktionsplans „Für ein kindgerechtes Deutschland 2005-2010" des Bundesministeriums für Familie, Senioren, Frauen und Jugend zur Kenntnis nehmen und auf sich anwenden würden.*

Selbstverständlich ist die fachliche Leistung wichtig. Was die Schule jedoch genauso leisten muss, ist, Gelegenheiten zum Erwerb elementarer Fähigkeiten zu bieten. In den Fächern ergibt sich der Sinn des Lernens durch Unterrichtsinhalte, mit denen der junge Mensch etwas anfangen kann. Gelernt jedoch wird nicht nur im Fachunterricht, sondern überall. In den neuen Lehrplänen vieler Bundesländer stehen mittlerweile Kompetenzen wie die Urteilsfähigkeit, die Fähigkeit zum Perspektivwechsel, zur Konfliktlösung und zur aktiven Mitgestaltung im Mittelpunkt. Demokratie ist längst kein Spezialthema des Politikunterrichts mehr.

Lernen ohne Demütigung

Aus demokratiepädagogischer Sicht ist es wichtig, das damit verbundene neue Verständnis vom Lernen zu unterstützen. Mit einem veralteten Lernbegriff, der lediglich auf Wissensvermittlung zielt, kann die Schule für die Demokratie nicht in die Pflicht genommen werden. Die OECD-Schlüsselkompetenzen, auf denen bekanntlich alle PISA-Untersuchungen beruhen, bieten hierfür eine Grundlage. Mit ihnen ist es gelungen, die Bedingungen für ein gutes Leben in einer vielfältigen Weltgesellschaft zu beschreiben. „The ability to relate well to others" – die Fähigkeit, gute Beziehungen mit anderen zu pflegen – ist ein ebenso schlichtes wie faszinierendes Beispiel für eine Kompetenz, die sich als Gegenkonzept zum Freund-Feind-Denken versteht, zum politischen oder religiösen Fundamentalismus mit seiner Schwarzweißmalerei und seiner Abgrenzungssucht.

Dazu gehört jedoch ein Aufwachsen ohne Gewalt, ohne Erniedrigung und Beschämung. Eine Schule muss übrigens gar nicht brutal oder tyrannisch sein, um ihre Schülerinnen und Schüler zu beschämen. Beschämung geschieht schon, wenn sie die Leistungsbeurteilung ohne pädagogisches Verantwortungsgefühl betreibt. Auch in der stillen Kränkung oder Verzweiflung, in der simplen Nichtbeachtung kann, das zeigen uns die Amokläufe von Erfurt und Winnenden, der Keim einer Katastrophe liegen. Das gilt auch für die jungen Leute mit den Brandsätzen in Hoyerswerda und anderswo. Am Anfang stand bei ihnen nicht die Lektüre von „Mein Kampf", sondern ein fatales Zusammenspiel aus Fremdenhass, sozialer Verzweiflung und den Sozialisationsbedingungen eines abgeschotteten Polizeistaates namens DDR.

Die meisten jungen Menschen, die sich dem Rechtsextremismus oder dem Islamismus verschreiben, haben eine Wut, einen Hass auf die Gesellschaft entwickelt, auf den Staat, auf anders aussehende Menschen, auf Schwache und Minderheiten. Die Schule hat die Pflicht, alles zu tun, um diesen Jugendlichen ein positives Gegenstück von Zusammenleben zu bieten und damit einen Anreiz zur Deradikalisierung: menschlich, fair, einfühlsam und vor allem die eigene verschüttete Fähigkeit zum moralischen Empfinden wieder hervorholend.

Wozu sonst sollte die Pädagogik da sein, wenn sie sich für diese elementarsten Voraussetzungen menschlichen Zusammenlebens nicht zuständig fühlt?

Meine Notizen und Ideen zum Thema:

_____

_____

_____

_____

_____

_____

_____

_____

_____

_____

_____

_____

_____

_____

_____

_____

_____

_____

Jugend und Politik: Aktuelle Erkenntnisse aus der neuen Shell Jugendstudie 2010

Ulrich Schneekloth, TNS Infratest Sozialforschung

Die heutige junge Generation hat sich weder durch die gesamtwirtschaftliche Entwicklung (Wirtschafts- und Finanzkrise) noch durch die unsicher gewordenen Berufsverläufe und Perspektiven von ihrer optimistischen Grundhaltung abbringen lassen. Kennzeichnend ist, wie die Ergebnisse der aktuell von uns vorgelegten 16. Shell Jugendstudie zeigen, auch weiterhin die auffällig pragmatische Umgehensweise mit den Herausforderungen in Alltag, Beruf und Gesellschaft. Leistungsorientierung und das Suchen nach individuellen Aufstiegsmöglichkeiten im Verbund mit einem ausgeprägten Sinn für soziale Beziehungen im persönlichen Nahbereich prägen diese Generation.

Der Begriff „Pragmatische Generation", den wir bereits seit der 14. Shell Jugendstudie verwenden (Shell 2002), soll vor allem die Handlungsorientierung der aktuellen Jugendgeneration hervorheben, die durch viel Ehrgeiz und Zähigkeit unterbaut ist. Mit tatkräftigem Anpacken, wechselseitiger Unterstützung und einer pragmatisch-taktischen Flexibilität will die Mehrheit der Jugendlichen die Dinge in den Griff bekommen. Diese Haltung prägt die Einstellungen und den Lebensalltag und bietet zugleich Schutz davor, sich unterkriegen zu lassen. Schutz bietet ebenfalls das besondere Lebensgefühl von Jugendlichen, ihre eher lockere Art, die Dinge auf sich zukommen zu lassen, oder ihre Haltung, in Freizeit und Alltag zusammen mit anderen einfach nur mal „gut drauf" sein zu wollen.

Nach wie vor gelingt es allerdings nicht allen Jugendlichen, diese Grundorientierung gleich gut umzusetzen. Eine bildungsferne Herkunft führt noch immer mit einer scheinbar unausweichlichen Dynamik dazu, sich selbst auch keine hinreichenden Bildungsvoraussetzungen für eine sichere Perspektive aneignen zu können. Hinzu kommen zunehmend schwerer vorhersehbare Risiken in Beruf und alltäglicher Lebensführung, die sich mit Konkurrenz und Individualisierung paaren. Unbekümmertheit kann unter diesen Umständen dann auch schnell zu Ausweichen, Abtauchen oder auch zu Aggression und Verweigerung führen und Jugendliche aus der Balance bringen. Besonders anfällig hierfür sind Jugendliche aus den unteren sozialen Schichten sowie diejenigen, die über keine stabilen sozialen Netzwerke im persönlichen Nahbereich verfügen, die Rückhalt sowie Schutz bieten und Lebensfreude vermitteln. Insgesamt betrachtet lassen sich die Jugendlichen in Deutschland jedoch als selbstbewusste Generation charakterisieren, die es gelernt hat, mit dem gesellschaftlichen Druck umzugehen und die sich auch unter schwierigen Rahmenbedingungen behaupten kann.

Unsere aktuelle Shell Jugendstudie 2010 stützt sich auf eine repräsentative Befragung von 2.604 Jugendlichen im Alter von 12 bis 25 Jahren. Die Erhebung wurde auf Grundlage eines standardisierten Fragebogens im Zeitraum von Mitte Januar bis Ende Februar 2010 durchgeführt. Im Rahmen der qualitativen Vertiefungsstudie wurden darüber hinaus auf der Basis von explorativen Interviews 20 Fallstudien mit Jugendlichen dieser Altersgruppen erstellt (Shell 2010).

Pragmatisch, aber nicht angepasst

Die Werte und Lebenseinstellungen von Jugendlichen sind weiterhin pragmatisch geprägt: Der persönliche Erfolg in einer Leistungs- und Konsumgesellschaft ist für Jugendliche von großer Wichtigkeit. Leistung ist jedoch nicht alles: Auch wenn Fleiß und Ehrgeiz für 60 % der Jugendlichen hoch im Kurs stehen, darf der Spaß nicht zu kurz kommen: 57 % wollen ihr Leben intensiv genießen. Optimistisch und mit ihrer Lebenssituation zufrieden, geht es ihnen nicht nur um das persönliche Vorankommen, sondern auch darum, ihr soziales Umfeld aus Familie, Freunden und Bekannten zu pflegen. Viele interessieren sich dafür, was in der Gesellschaft vor sich geht. Die jungen Leute fordern gerade heute sozialmoralische Regeln ein, die für alle verbindlich sind und an die sich alle halten. Eine funktionierende gesellschaftliche Moral ist für sie auch eine Voraussetzung, ihr Leben eigenverantwortlich und unabhängig gestalten zu können. 70 % finden, man müsse sich gegen Missstände in Arbeitswelt und Gesellschaft zur Wehr setzen.

Das Lebensgefühl der heutigen Jugendlichen unterscheidet sich damit sowohl vom Denken und Handeln der von Helmut Schelsky als „Skeptische Generation" beschriebenen Nachkriegsjugendlichen der 50iger Jahre (Schelsky 1957) als auch vom Sturm und Drang der sogenannten 68er-Generation (Gilcher-Holtey 2001). Vollzogen hat sich vielmehr ein Wertewandel hin zu einer pragmatischen Synthese von ehemals als unvereinbar bezeichneten Werteorientierungen (Klages 2001). Konventionelle Orientierungen wie etwa Fleiß, Ordnung oder Sicherheit, die früher eher den älteren Generationen zugeordnet wurden, werden von den heutigen Jugendlichen mit nonkonformistischen Orientierungen, wie Selbstentfaltung, Kreativität oder auch Genuss zusammen gebracht. Der von Elisabeth Noelle-Neumann beklagte und auch heute noch häufig aufgegriffene Vorwurf eines „Werteverfalls" trifft genauso wenig den Kern der Entwicklung wie die ebenso oft zu hörende Klage über eine Generation von angepassten und dabei „ich-fixierten" Angehörigen der Spaßgesellschaft.

Positiv denken ist für Jugendliche heute ebenfalls trotz Wirtschafts- und Finanzkrise „in". Gegenüber 2006 hat sich der Optimismus der Jugendlichen deutlich erhöht: 59 % blicken ihrer Zukunft zuversichtlich entgegen, 35 % äußern sich unentschieden und nur 6 % sehen ihre Zukunft eher düster. Einzig bei Jugendlichen aus sozial benachteiligten Familien zeigt sich ein anderes Bild: Hier ist nur noch ein Drittel (33 %) optimistisch. Diese soziale Kluft wird auch bei der Frage nach der Zufriedenheit im Leben deutlich. Während fast drei Viertel aller Jugendlichen im Allgemeinen zufrieden mit ihrem Leben sind, äußern sich unterprivilegierte Jugendliche nur zu 40 % positiv.

Bildung als Erfolgsfaktor für die Zukunft

Auch weiterhin bleibt der Schulabschluss der Schlüssel zum Erfolg. In Deutschland hängt er so stark wie in keinem anderen Land von der jeweiligen sozialen Herkunft der Jugendlichen ab. Junge Leute ohne Schulabschluss finden seltener eine qualifizierte Arbeit oder eine Ausbildung. Entsprechend pessimistisch blicken Jugendliche, die sich unsicher sind, ihren Schulabschluss zu erreichen, auch in die Zukunft. Mehr Optimismus zeigt sich mittlerweile bei den Auszubildenden. Sie sind sehr viel hoffnungsvoller als in den letzten Jahren, nach der Ausbildung übernommen zu werden. Auch in punkto Zuversicht beim

Optimismus wieder im Aufwind: Wie die Jugendlichen ihre persönliche Zukunft sehen

Jugendliche im Alter von 12 bis 25 Jahren (Angaben in %)

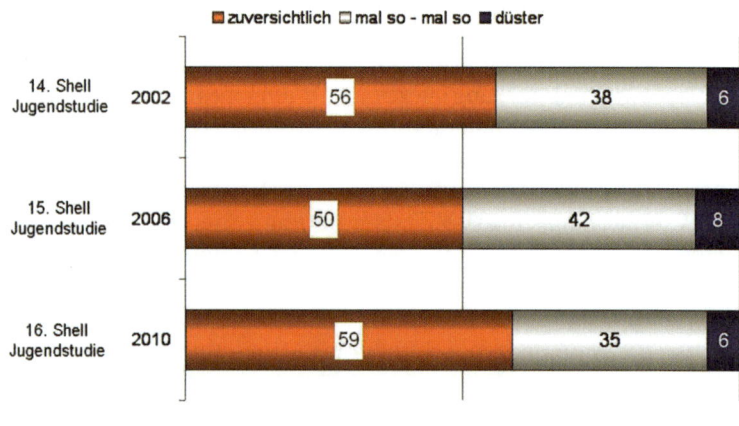

Quelle: 16. Shell Jugendstudie, Stand 2010   TNS Infratest Sozialforschung

Berufswunsch gibt es eine positive Trendwende: 71 % der Jugendlichen sind überzeugt, ihre beruflichen Wünsche erfüllen zu können. Jedoch verläuft die Entwicklung bei jungen Leuten aus sozial schwierigen Verhältnissen auch hier wieder gegenläufig: Nur 41 % sind sich diesbezüglich sicher. Ungebrochen ist der geschlechtsspezifische Trend beim Thema Bildung: Wie sich bereits zu Beginn dieses Jahrzehnts gezeigt hatte, haben junge Frauen ihre männlichen Altersgenossen bei der Schulbildung überholt. Auch in Zukunft streben sie häufiger bessere Bildungsabschlüsse an.

Alle sind im Internet

Das Freizeitverhalten der Jugendlichen unterscheidet sich je nach sozialer Herkunft. Während sich diejenigen aus privilegierten Elternhäusern verstärkt mit Lesen und kreativen Tätigkeiten befassen und vielfältige soziale Kontakte pflegen, sind Jugendliche aus sozial benachteiligten Familien vornehmlich mit Computer und Fernsehen beschäftigt. Allen gemeinsam ist jedoch eines: Fast alle Jugendlichen

(96 %) haben mittlerweile einen Zugang zum Internet. Nicht nur die Zahl der Internetnutzer ist damit gestiegen, sondern auch die Zahl der Stunden, die junge Leute im Netz verbringen: im Schnitt fast 13 Stunden pro Woche. Bei der Art der Nutzung des Internets zeigt sich erneut eine soziale Spaltung – insbesondere bei den männlichen Nutzern. Die vier verschiedenen Nutzertypen machen dies deutlich: Die Gamer (24 % der Jugendlichen mit Netzzugang) – vor allem jüngere männliche Jugendliche aus sozial benachteiligten Familien – verbringen ihre Zeit im Netz hauptsächlich mit Computerspielen. Digitale Netzwerker (25 %) – vor allem jüngere weibliche Jugendliche – nutzen vor allem die sozialen Netzwerke (Facebook, Studi-VZ). Für Funktionsuser (17 %) – eher ältere weibliche Jugendliche – ist das Internet Mittel zum Zweck: Sie gebrauchen es für Informationen, E-Mails und Einkäufe von zu Hause aus. Die Multi-User (34 %) – eher ältere männliche Jugendliche aus den oberen Schichten – nutzen schließlich die gesamte Bandbreite des Netzes mit all seinen Funktionalitäten.

Interesse an Politik steigt wieder leicht an – wenn auch verhalten

Der Anteil der politisch interessierten Jugendlichen ist von 30 % im Jahr 2002 auf 35 % im Jahr 2006 und 37 % im Jahr 2010 inzwischen wieder leicht angestiegen (Altersgruppe 12 bis 25 Jahre). Alles in allem liegt das politische Interesse damit aber noch immer weit unter den Ergebnissen, die in früheren Shell Jugendstudien, insbesondere in den 1970er und 1980er Jahren, festgestellt wurden. Neben dem Alter und dem Geschlecht – ältere sowie männliche Jugendliche sind interessierter – sind vor allem die Bildung und die Herkunftsschicht der Jugendlichen sowie ein vorhandenes politisches Interesse der Eltern die zentralen Einflussgrößen.

Interessant ist, dass der leichte Anstieg im politischen Interesse zum einen erwartungsgemäß auf eine relativ stärkere Zunahme im Interesse bei den mittleren und gehobenen Schichten, zum anderen aber auch generell auf die Jüngeren zurückzuführen ist. Bei den 12- bis 14-Jährigen ist das Interesse von 11 % im Jahr 2002 auf 15 % im Jahr 2006 und 21 % im Jahr 2010 gestiegen. Bei den 15- bis 17-Jährigen entwickelte es sich von 20 % im Jahr 2002 auf 26 % im Jahr 2006 und 33 % im Jahr 2010. Bei den 18- bis 21-Jährigen schwankt das politische Interesse hingegen und stagniert bei 38 % in 2002, 42 % in 2006 und dann wieder 38 % im Jahr 2010. Vergleichbar, wenn auch mit etwas weniger Stagnation und auf einem höheren Anteilsniveau, ist die Entwicklung bei den 22- bis 25-Jährigen: 44 % politisch Interessierte im Jahr 2002, 48 % im Jahr 2006 und 47 % im Jahr 2010. Diese Querschnittsbefunde hängen sicherlich mit dem etwas höheren Gewicht zusammen, das die Förderung von Bildung in den letzten Jahren bekommen hat. Die Ergebnisse der letzten Shell Jugendstudien zeigen deutlich, dass eine bessere schulische Bildung auch ganz grundsätzlich mit einem etwas stärkeren Interesse an Politik verbunden ist. Hinzu kommt eine eigene Affinität zum sozialen Engagement ganz unabhängig davon, ob es sich hierbei im engeren Sinne um politische Fragen handelt oder einfach nur darum, sich auch für andere einsetzen zu wollen. Es wird interessant sein, zu sehen, inwieweit dieser leichte Zuwachs beim politischen Interesse bei den jüngeren Altersgruppen in Zukunft anhalten und auch überdauern kann.

Interesse an Politik: Seit 2002 wieder verhaltener Anstieg

Jugendliche im Alter von 15 bis 24 Jahren (Angaben in %)

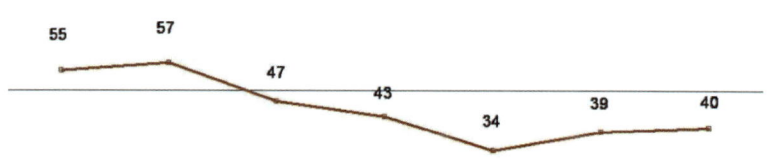

1984	1991	1996	1999	2002	2006	2010
10. Shell Jugendstudie	11. Shell Jugendstudie	12. Shell Jugendstudie	13. Shell Jugendstudie	14. Shell Jugendstudie	15. Shell Jugendstudie	16. Shell Jugendstudie

Quelle: 16. Shell Jugendstudie, Stand 2010   *TNS Infratest Sozialforschung*

Auch beim Vertrauen in gesellschaftliche Institutionen hat sich wenig geändert: Hohe Bewertungen gab es für Polizei, Gerichte, Bundeswehr sowie Menschenrechts- und Umweltschutzgruppen, niedrige für die Bundesregierung, die Kirche, große Unternehmen und Parteien. Kaum verwunderlich, dass in Zeiten der Wirtschafts- und Finanzkrise das Vertrauen in Banken am meisten gelitten hat. Entsprechend zeigt sich bei den Jugendlichen heutzutage nicht nur Politikverdrossenheit, sondern auch ein ausgeprägter Missmut gegenüber Wirtschaft und Finanzen.

Teilnahme an politischen Aktionen: ja klar, warum auch nicht

Wir hatten in der letzten Shell Jugendstudie festgestellt, dass sowohl die vorherrschende Politik- und Parteienverdrossenheit als auch das Gefühl, in Parteien und politische Gruppen nicht hineinzupassen und sich dort nicht heimisch zu fühlen, Jugendliche davon abhält, sich politisch zu organisieren. Hinzu kommt die Einschätzung mangelnder

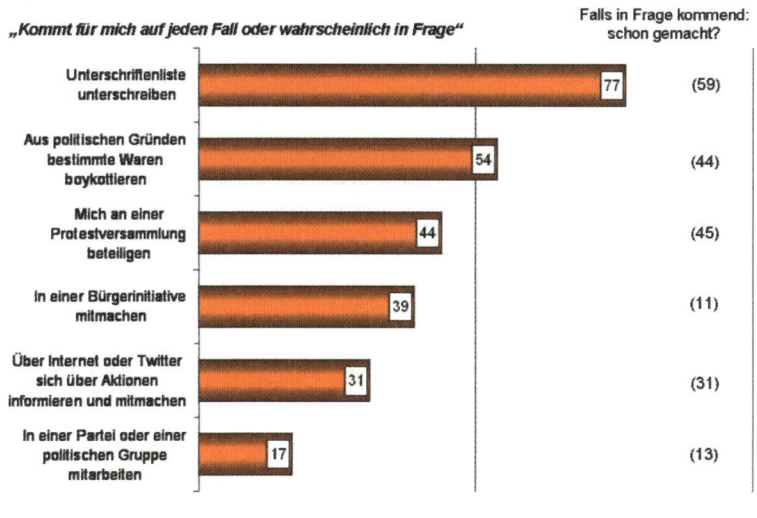

Was an politischen Aktivitäten und Aktionen in Frage käme
Jugendliche im Alter von 12 bis 25 Jahren (Angaben in %)

„Kommt für mich auf jeden Fall oder wahrscheinlich in Frage" | Falls in Frage kommend: schon gemacht?

	Kommt für mich ...	Falls in Frage kommend: schon gemacht?
Unterschriftenliste unterschreiben	77	(59)
Aus politischen Gründen bestimmte Waren boykottieren	54	(44)
Mich an einer Protestversammlung beteiligen	44	(45)
In einer Bürgerinitiative mitmachen	39	(11)
Über Internet oder Twitter sich über Aktionen informieren und mitmachen	31	(31)
In einer Partei oder einer politischen Gruppe mitarbeiten	17	(13)

Quelle: 16. Shell Jugendstudie, Stand 2010   *TNS Infratest Sozialforschung*

Erfolgsaussichten (Schneekloth 2006). Aktuell haben wir danach gefragt, wie es um die grundsätzliche Bereitschaft von Jugendlichen bestellt ist, sich an politischen Aktivitäten zu beteiligen.

Nach den vorliegenden Ergebnissen käme für die große Mehrheit der Jugendlichen, „wenn sie bei einer Sache, die ihnen persönlich wichtig ist, ihre Meinung kundtun oder wenn sie politisch Einfluss nehmen wollen", eine Beteiligung an politischen Aktionen durchaus in Frage. 77 % aller Jugendlichen würden nach eigener Auskunft bei einer Unterschriftenaktion mitmachen und weitere 54 % könnten sich vorstellen, aus politischen, ethischen oder Umweltgründen den Kauf einer Ware zu boykottieren. An einer Protestversammlung (Demonstration) würden sich 44 % beteiligen. Eine Bürgerinitiative käme für 39 % in Frage. Sich im Internet oder über Twitter über Aktionen kurzfristig informieren und dann dort mitmachen wäre für 31 % eine Möglichkeit. Hingegen können sich nicht mehr als 17 % vorstellen, in einer Partei oder politischen Gruppe mitzuarbeiten.

Fasst man die Aktivitätsbereitschaft zusammen, so weisen 8 % der Jugendlichen keine und nicht mehr als 15 % eine nur geringe Bereitschaft auf, sich an politischen Aktionen zu beteiligen. Bei 37 % ist hingegen eine grundsätzliche Bereitschaft vorhanden, 22 % haben eine eher höhere und 18 % sogar eine hohe Bereitschaft, politisch aktiv zu werden. Auffällig in diesem Zusammenhang ist, dass sich weibliche Jugendliche trotz ihres im Vergleich zu männlichen Jugendlichen sogar noch weniger häufig geäußerten politischen Interesses trotzdem etwas häufiger als aktivitätsbereit charakterisieren. Sich explizit als politisch interessiert zu bezeichnen, fällt männlichen Jugendlichen offenbar nach wie vor etwas leichter. Dass jedoch weibliche Jugendliche trotzdem eher bereit sind, sich an politischen Aktionen zu beteiligen, zeigt die Barrieren auf, die es für Mädchen im Bezug auf die noch immer männlich dominierte Politik gibt.

Mehr soziales Engagement und ebenfalls Verständnis für Ältere

Im Vergleich zu den Vorjahren sind immer mehr Jugendliche sozial engagiert: 39 % setzen sich häufig für soziale oder gesellschaftliche Zwecke ein. Auch hier zeigen sich soziale Unterschiede. Aktivität und Engagement sind bildungs- und schichtabhängig. Je gebildeter und privilegierter die Jugendlichen sind, desto häufiger sind sie im Alltag aktiv für den guten Zweck. Soziale Räume für eigenes Engagement sind in Deutschland vor allem die Vereine: mit 47 % gibt fast jeder zweite Jugendliche an, sich im Rahmen von Vereinen gelegentlich oder häufig für andere einzusetzen. Der Anteil der in formalen Ämtern oder in Institutionen organisiert tätigen Jugendlichen fällt demgegenüber deutlich geringer aus (Gruppe oder Amt in Schule oder Hochschule 22 %, Kirchengemeinde 16 %, Projektgruppe 15 %, Jugendorganisation 12 %, Gewerkschaft 3 %, Partei 2 %). Mit 37 % verweist mehr als ein Drittel der Jugendlichen auf ein individuelles und persönliches Engagement im Alltag. Hierbei ist allerdings zu beachten, dass der größte Teil dieser Gruppe ebenfalls über Engagement in anderen Bereichen berichtet.

Die alternde Gesellschaft in Deutschland betrachten Jugendliche auch weiterhin als Problem. Mehr als die Hälfte sehen das Verhältnis zwischen Jung und Alt als eher angespannt an. Dennoch zeigen immer mehr Jugendliche Respekt vor der älteren Generation und Verständnis

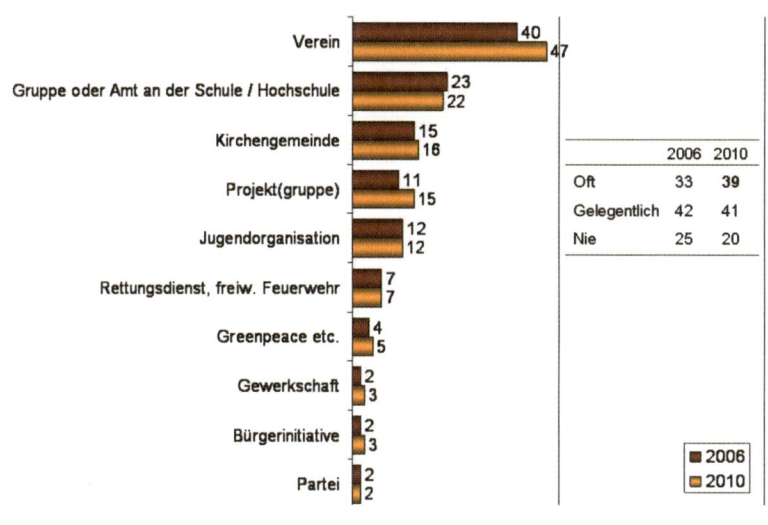

Wie und wo man (oft / gelegentlich) gesellschaftlich aktiv ist
Jugendliche im Alter von 12 bis 25 Jahren (Angaben in %)

	2006	2010
Oft	33	39
Gelegentlich	42	41
Nie	25	20

Quelle: 16. Shell Jugendstudie, Stand 2010   *TNS Infratest Sozialforschung*

für deren Lebensweise. Das zeigt sich auch bei der Frage nach der Verteilung des Wohlstands zwischen Jung und Alt. 47 % der Jugendlichen sind der Meinung, diese sei gerecht. Nur noch 25 % fordern, dass die Älteren ihre Ansprüche reduzieren sollen.

Globalisierung zumeist positiv bewertet

Was die Öffentlichkeit in erster Linie kritisch diskutiert, wird von Jugendlichen in Deutschland zumeist eher positiv bewertet: die Globalisierung. 84 % verbinden sie an erster Stelle mit der Freiheit, in der ganzen Welt reisen, studieren oder arbeiten zu können. Zunehmend wird die weltweite bereichsübergreifende Verflechtung allerdings auch mit wirtschaftlichem Wohlstand in Verbindung gebracht. Im Jahr 2006, vor der Wirtschafts- und Finanzkrise, haben nur 37 % diese Verbindung hergestellt, 2010 schon 53 %. Auch die Assoziation von Globalisierung mit Umweltzerstörung tritt heute sehr viel häufiger in Erscheinung.

In Hinblick auf die Haltung der Jugendlichen zur Globalisierung lassen sich drei unterschiedliche Profile ausmachen: Globalisierungsbefürworter, Globalisierungsgegner und Globalisierungs-Mainstream. Globalisierungsbefürworter sehen in der Globalisierung vor allem die Chance auf wirtschaftlichen Wohlstand, Frieden und Demokratie. Globalisierungsgegner erkennen in ihr mehrheitlich Umweltzerstörung, Arbeitslosigkeit, Armut und Unterentwicklung. Beim kritisch-differenziert bewertenden Globalisierungs-Mainstream halten sich Vor- und Nachteile der Intensivierung der globalen Beziehungen die Waage.

Problem Klimawandel

Ein Thema, das Jugendliche heutzutage besonders stark beunruhigt, ist der Klimawandel. 76 % halten ihn für ein großes oder sehr großes Problem. Sogar zwei von drei Jugendlichen sehen durch das sich verändernde Klima die Existenz der Menschheit bedroht.

Auch bei der Sichtweise auf dieses Thema lassen sich drei unterschiedliche Typisierungen vornehmen: die Kritiker des Klimawandels, die den reichen Industrieländern die Schuld für die ökologischen Veränderungen geben. Die Klimaoptimisten, die, auch wenn sie den Klimawandel für ein Problem halten, die öffentliche Darstellung dieses Phänomens übertrieben finden. Und schließlich die fatalistischen Beobachter, die fast zur Hälfte davon ausgehen, dass es bereits zu spät sei, etwas gegen den Klimawandel zu unternehmen. Ein Teil der Jugendlichen zieht inzwischen persönliche Konsequenzen und achtet auf ein umweltbewusstes Verhalten. Immerhin jeder zweite spart im Alltag bewusst Energie, 44 % versuchen, häufiger mit dem Fahrrad zu fahren und das Auto stehen zu lassen, und 39 % entscheiden sich für ein kleineres Auto mit geringerem Verbrauch. Besonders klimakritische junge Leute engagieren sich darüber hinaus zunehmend für den Umweltschutz.

Was tun gegen den Klimawandel

Jugendliche im Alter von 12 bis 25 Jahren, die schon mal davon gehört haben (Angaben in %)

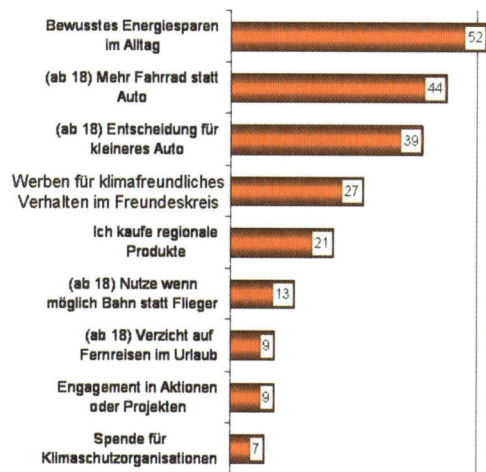

Quelle: 16. Shell Jugendstudie, Stand 2010   TNS Infratest Sozialforschung

---

Jugend 2010

Was kennzeichnet die heutige junge Generation in Deutschland und wie lassen sich deren Lebenseinstellungen und Sichtweisen charakterisieren?

Fleiß und Ehrgeiz und die damit verbundenen eher traditionell anmutenden Tugenden sind für die breite Mehrheit der Jugendlichen eine weitgehend akzeptierte Konvention. Gesucht wird nach individuellen Lösungen, wobei der soziale Nahraum (Familie, Partner, Freunde) der persönliche Dreh- und Angelpunkt ist. Spaß und Lebensfreude kennzeichnen das eigene Lebensgefühl, dabei aber unmittelbar verbunden mit der Bereitschaft zum persönlichen Engagement. Ideologien haben als identitätsstiftende Leitbilder hingegen ausgedient. Was zählt, ist das konkrete Ziel und die Machbarkeit im persönlichen Lebensumfeld. Dies schließt explizit auch große und globale Themen mit ein. Es geht hierbei nicht um „klein" oder „groß", sondern um den konkreten Bezug zum eigenen Leben.

Politik ist allerdings nach wie vor eher „out". Auf Distanz sind Jugendliche damit aber nicht gegenüber dem Thema Demokratie und Gesellschaft. Im Gegenteil: Gerechtigkeit im Umgang miteinander, sich für andere einsetzen und auch selbst aktiv werden, stehen hoch im Kurs. Die kalte Schulter zeigen Jugendliche vielmehr dem, was sie unter „politischem Establishment" verstehen, und damit primär den Verhaltensmustern und Ritualen, die die gegenwärtige politische Kultur (nicht nur) in Deutschland prägen. Kritik an „der Politik" ist allerdings auch bequem; es kostet wenig, sich von denjenigen abzusetzen, die in Deutschland Politik gestalten. Hierüber Klage zu führen, hilft allerdings wenig. Weitaus wichtiger ist es, Brücken zu schlagen und konkrete Angebote für Mitwirkung und persönliches Engagement in den sozialen Räumen zu unterbreiten, in denen sich Jugendliche bewegen.

Ulrich Schneekloth

Literatur

Gilcher-Holtey, Ingrid 2008: Die 68er Bewegung. Deutschland – Westeuropa – USA. 4. Auflage, München: Verlag C. H. Beck.

Klages, Helmut 2001: Werte und Wertewandel. In: Schäfers, Bernhard; Zapf, Wolfgang (Hrsg.) Handwörterbuch zur Gesellschaft Deutschlands. 2. Auflage, Opladen: Leske + Budrich, 726–738.

Noelle-Neumann, Elisabeth; Petersen, Thomas 2001: Zeitenwende. Der Wertewandel 30 Jahre später. In: Aus Politik und Zeitgeschichte 41, Bonn: Bundeszentrale für politische Bildung.

Schelsky, Helmut 1960: Die skeptische Generation. Eine Soziologie der deutschen Jugend. 4. Auflage, Düsseldorf: Eugen Diederichs Verlag.

Schneekloth, Ulrich 2006: Politik und Gesellschaft: Einstellungen, Engagement und Bewältigungsprobleme. In: Shell Deutschland Holding GmbH (Hrsg.) Jugend 2006. Eine pragmatische Generation unter Druck. 15. Shell Jugendstudie. Frankfurt am Main: Fischer Taschenbuch Verlag, 103-140.

Shell Deutschland Holding GmbH (Hrsg.) 2002: Jugend 2002. Zwischen pragmatischem Idealismus und robustem Materialismus. 14. Shell Jugendstudie. Frankfurt am Main: Fischer Taschenbuch Verlag.

Shell Deutschland Holding GmbH (Hrsg.) 2010: Jugend 2010. Eine pragmatische Generation behauptet sich. 16. Shell Jugendstudie. Frankfurt am Main: Fischer Taschenbuch Verlag.

Meine Notizen und Ideen zum Thema:

Partizipation junger Menschen in europäischen Ländern – Forschungsergebnisse und Herausforderungen

Dr. Wolfgang Gaiser, Deutsches Jugendinstitut e.V.
Prof. Dr. Franziska Wächter, Evangelische Hochschule Dresden

Wie steht es um die gesellschaftliche und politische Beteiligung der Jugend in Europa? In welchen Organisationsformen und in welchem Umfang engagieren sich junge Menschen? Zu solchen Fragen werden auf der Basis empirischer Untersuchungen Antworten gegeben. Es wird der Blick auf verschiedene europäische Staaten – fokussiert auf Deutschland, Frankreich und Österreich – gerichtet. Außer länderspezifischen Aspekten der politischen Kultur werden soziodemografische und motivationale Faktoren zur Erklärung unterschiedlicher Partizipationsformen und -niveaus herangezogen. Weiterhin werden Herausforderungen für eine Stärkung von Partizipation benannt.

Bedeutung von Partizipation

Der gegenwärtige rapide gesellschaftliche Wandel in Europa wird mit Begriffen wie Globalisierung, Entstrukturierung, Individualisierung, Verdichtung oder auch Entgrenzung gekennzeichnet. Institutionen, Arbeitsplätze und berufliche Anforderungen verändern sich. Biografien werden komplizierter. Für die nachwachsende Generation stellen sich mit diesen Entwicklungen neue Herausforderungen beim Erwachsenwerden: Orientierung und Platzierung in einer flexibilisierten Arbeitswelt, Eigenverantwortung in der Wohlfahrtssicherung sowie Beteiligung in einer Gesellschaft, deren zentralen Probleme (Ökologie, Finanzwelt, Arbeitsmarkt) im globalen Kontext entstehen.

Europaweite Befragungen[1] zeigen, dass die Jugend solche Problemkonstellationen durchaus differenziert wahrnimmt und hohe Erwartungen an staatliche Akteure hat: Fragt man nach den Maßnahmen, auf die sich die EU in erster Linie konzentrieren sollte, dominiert das Thema Arbeitsmarkt. An zweiter Stelle steht die Bekämpfung von Armut und sozialer Ausgrenzung. Hierin spiegeln sich die Ängste und Befürchtungen, die teilweise in engem Zusammenhang mit den gewünschten Politikzielen stehen, teilweise aber auch auf zusätzliche Aspekte von Entwicklungen, die mit Sorge betrachtet werden, verweisen: Junge Menschen nehmen die Verlagerung von Arbeitsplätzen ins Ausland als ein großes Problem wahr. In einer weiteren Studie[2] wird deutlich, was die Hauptsorgen der jungen Menschen sind und was sie sich infolgedessen von einer europäischen Politik erwarten: Eine stabile Wirtschaft, sichere Arbeitsplätze, ein funktionierendes Finanzsystem sowie den Erhalt der natürlichen Umwelt (zusammenfassend Gaiser 2009).

Dabei werden junge Menschen aufgefordert, sowohl engagierte europäische BürgerInnen zu sein, als auch gleichzeitig vermehrt in lokalen Kontexten zu partizipieren.

In der wissenschaftlichen Diskussion werden vier Argumentationslinien für die Notwendigkeit einer Stärkung der Partizipation junger Menschen herausgestellt (Bertelsmann 2007). Sie werden hergeleitet aus 1. Menschenrechten, Bürgerrechten und Kinderrechten, 2. demokratietheoretischen und 3. pädagogischen und bildungstheoretischen Begründungen sowie 4. soziostrukturellen Veränderungen der Kindheits- und Jugendphase.

Der vorliegende Beitrag will empirische Forschungsergebnisse zu dieser Debatte präsentieren. Es werden europaweite Aspekte der Partizipation dargestellt – insbesondere im Vergleich Deutschland (soweit möglich nach alten und neuen Bundesländern differenziert), Frankreich und Österreich und die Besonderheiten im Kontext der jeweiligen politischen Kulturen beschrieben. In einem vertiefenden

---

1 Vgl. *European Commission: Flash Eurobarometer 202 – Young Europeans. A survey among young people aged between 15-30 in the European Union. Analytical Report 2007 (http://ec.europa.eu/public_opinion/flash/fl_202_en.pdf).*

2 Vgl. *Eurobarometer 2008 (http://europa.eu.int/comm/public_opinion/index_en.htm).*

Dr. Wolfgang Gaiser, Prof. Dr. Franziska Wächter

Teil wird der Blick mit Ergebnissen der Studie EUYOUPART um spezifische Gesichtspunkte erweitert. Abschließend werden Herausforderungen für die Stärkung von Partizipation benannt.

Partizipation im europäischen Kontext

Ein Blick über die Landesgrenzen ermöglicht, dass auf der Basis der Kontrastierung mit anderen gesellschaftlichen Realitäten, sozialen Systemen und politischen Kulturen, länderspezifische Aspekte klarer erkennbar werden und damit auch alternative Sichtweisen sowie Entwicklungsmöglichkeiten. Dabei ist insbesondere der Vergleich Deutschlands mit Frankreich und Österreich interessant, da Frankreich als zentralistischer und laizistischer Staat mit vergleichsweise weniger intermediären Strukturen und Organisationen gerade im Bereich der Jugendarbeit und Jugendbildung deutlich andere Strukturen aufweist als Deutschland mit seinem föderalen und subsidiär-pluralistischen System. Demgegenüber bestehen diesbezüglich beim anderen Nachbarn Österreich eher ähnliche Bedingungen, wobei hier die anders geartete Siedlungsstruktur (zugespitzte Stadt-Land-Differenz) und die besondere langjährige jugendpolitische Debatte und Mobilisierung um die (schließlich im März 2007 vom Ministerrat der großen Koalition in Wien beschlossene) Herabsetzung des Wahlalters auf 16 Jahre bei Nationalratswahlen einen Einfluss auf politische Orientierungen und Beteiligungsbereitschaft hatte.

Ein transnationaler Vergleich steht jedoch gerade bei der Frage politischer Partizipation vor grundsätzlichen theoretischen und empirischen Schwierigkeiten, weil historische, gesellschaftsstrukturelle und individuelle Faktoren berücksichtigt und äquivalente Indikatoren entwickelt werden müssen. Bei europäischen Ländervergleichen zeigen sich nämlich nicht selten starke Variationen, bei deren Erklärung zusätzlich länderspezifische Bedingungen aus den Bereichen Institutionenordnung (etwa Wahlsystem), geschichtlicher Kontext, Sozialstruktur oder auch politische Kultur zu berücksichtigen sind (Westle 1994, Braun & Mohler 2003).

Grundsätzlich sind aus theoretischer Sicht bei der vergleichenden Analyse der politischen Kulturen unterschiedlicher Länder drei Ebenen relevant: 1. die Haltungen zum politischen System (Systemebene),

2. die Bereitschaft der BürgerInnen zum Engagement, verstanden als Unterstützung des Systems (Input) und 3. die Bewertungen von Resultaten und Leistungen (Output). Mit einem solchen Ansatz kann man im europäischen Kontext Ländergruppen mit jeweils unterschiedlicher Ausprägung einer demokratischen Staatsbürgerkultur unterscheiden (vgl. Gabriel 1994). Deutschland befindet sich mit Österreich, Dänemark, den Niederlanden und in gewisser Hinsicht auch Großbritannien in einer Gruppe, in der diese Staatsbürgerkultur hoch entwickelt ist. In Frankreich hingegen (wie auch in Italien, Spanien und Belgien) ist die Beziehung der Bevölkerung zu soziopolitischen Eliten stärker durch Misstrauen gekennzeichnet und die Unterstützung der politischen Führung fällt allenfalls durchschnittlich aus.

Ergebnisse zum politischen Handeln bestätigen die Unterschiedlichkeit von Ländern in der EU (Westle 1994, Gaiser et al. 2010): Betrachtet wird etwa Partizipation in nicht-konventionellen, unverfassten Formen sowie in Gruppen der Neuen Sozialen Bewegungen. Der Vergleich zeigt für Deutschland eine geringere Partizipationsbereitschaft und insbesondere weniger tatsächliche Aktivitäten als in Frankreich, aber auch als in einigen anderen europäischen Ländern. Die gleiche Tendenz wird bei der Bereitschaft zur Mitarbeit in Gruppen der Neuen Sozialen Bewegungen sichtbar. Frankreich ist gekennzeichnet durch eine hohe Partizipationsbereitschaft und ein relativ hohes Niveau beim tatsächlichen politischen Handeln im Rahmen unkonventioneller, nichtverfasster Aktivitäten. Insgesamt gesehen zeigt sich also, dass teilweise starke Differenzen in den Formen der politischen Beteiligung etwa zwischen Deutschland und Frankreich bestehen, wobei die Bandbreite der Streuung innerhalb der EU-Länder recht hoch ist.

Anhand der Daten des Eurobarometers 55.1 „Young Europeans" aus dem Jahr 2001 können einige länderspezifische Aspekte der Partizipation – vor allem auch differenziert nach alten und neuen Bundesländern in Deutschland – in den Blick genommen werden.[3] Fragen zu Partizipation sind in dieser Umfrage unter dem Aspekt „Mitgliedschaft in Vereinen und Organisationen" enthalten.

---

3 *In dieser Studie wurden im Jahr 2001 in den damaligen15 Mitgliedsstaaten der Europäischen Union annähernd 10.000 Jugendliche und junge Erwachsene zwischen 15 und 24 Jahren befragt (vgl. http://europa.eu.int/comm/education/youth/studies/eurobarometer/).*

Soziale Partizipation: Beteiligung in Vereinen, Verbänden und Organisationen

Grundsätzlich kann Mitgliedschaft in Vereinen, Verbänden und Organisationen als Indikator für soziale Integration vergleichsweise leicht in Surveys, die mehrere Länder umfassen, erfragt werden. In der Eurobarometer-Erhebung „Young Europeans 2001" wurde die Beteiligung in freiwilligen Vereinigungen und Verbänden durch eine Listenvorgabe, kombiniert als Mitgliedschaft und/oder Beteiligung an deren Aktivitäten erfasst. Es wurden hierfür eine Reihe von traditionellen Organisationen wie auch solche der Neuen Sozialen Bewegungen vorgegeben: Sportvereine, religiöse Vereine, Jugendgruppen, Hobbygruppen, kulturelle Vereine, Umweltgruppen, Gewerkschaften, politische Parteien, Menschenrechtsbewegungen und andere.

Etwa die Hälfte der jungen EuropäerInnen beteiligt sich nach wie vor an keiner dieser Gruppen, Vereine und Organisationen (48 % im Jahre 1997 und 50 % im Jahre 2001). Die länderspezifischen Unterschiede jedoch sind erheblich. Frankreich und Ostdeutschland liegen etwa im europäischen Durchschnitt (54 bzw. 52 %) während in Österreich nur 40 % und in Westdeutschland nur 37 % Nichtmitglieder sind.

Anteil der 15-24-Jährigen in Ländern der Europäischen Union 2001, die in mindestens einer Organisation Mitglied sind bzw. mitarbeiten (in %)

Portugal	31
Spanien	36
Griechenland	37
Italien	44
Frankreich	45
Großbritannien	47
Deutschland Ost	48
Nordirland	49
Irland	58
Belgien	59
Österreich	60
Finnland	60
Deutschland West	63
Luxemburg	72
Schweden	75
Dänemark	76
Niederlande	80

Tabelle 1

Quelle: Eurobarometer 55.1: Junge Europäer 2001, eigene Berechnungen

In Tabelle 1 ist nun für alle einbezogenen Länder der jeweilige Anteil derjenigen 15- bis 24-Jährigen angegeben, die in mindestens einer dieser Organisationen in diesem Sinne Mitglied sind. Auch hier kann man in der Rangfolge eine Ländergruppierung feststellen. Deutschland-Ost (48 %) und Frankreich (45 %) liegen im Organisationsgrad unter dem EU-Mittel (wobei sich die geringsten Werte in den südlichen europäischen Ländern zeigen: am niedrigsten in Portugal mit nur 31 %, in Spanien mit 36 % und in Griechenland mit 37 %).

Einen hohen Organisationsgrad weisen Deutschland-West (63 %) und Österreich (60 %) auf (auch hier allerdings noch von nordischen Ländern und den Niederlanden übertroffen).

Betrachtet man die einzelnen Vereinsarten, so wird die Mitgliedschaftsquote am stärksten durch die Sportvereine, die zudem zwischen 1997 und 2001 vermehrt Zuspruch gefunden haben (Steigerung um 6 Prozentpunkte), geprägt (EU insgesamt 30 %). Bei diesen sind gleichzeitig auch Unterschiede zwischen Frankreich (23 %), Österreich (27 %), Deutschland-West (44 %) und Deutschland-Ost (26 %) klar zu erkennen. Weit weniger Mitglieder haben europaweit religiöse Vereine (8 %), Jugendgruppen (7 %), Hobbyclubs (7 %), kulturelle Vereinigungen (6 %) oder Umweltgruppen (5 %). In Frankreich ist dabei das Engagement im kulturellen (10 gegenüber 4 % in Deutschland), in Deutschland im ökologischen Bereich stärker (6 gegenüber 2 % in Frankreich). Österreich liegt mit den religiösen Jugendgruppen mit 16 % Beteiligung europaweit am höchsten und doppelt so hoch wie der europäische Durchschnitt. Hier mag die besondere Stadt-Land Struktur in Österreich eine Rolle spielen, weil die kirchenverbandliche Jugendarbeit insbesondere auf dem Lande und weniger stark in den Großstädten vertreten ist, und außer Wien gibt es nur vier Städte mit über 100 000 Einwohnern. In den übrigen, sehr ländlich strukturierten Gebieten, spielen Jugendorganisationen wie Jungschar und Katholische Jugend eine große Rolle.

In den länderspezifischen Besonderheiten kommen insgesamt gesehen sowohl strukturell-organisatorische, institutionelle, historische als auch Einstellungsunterschiede zum Ausdruck.

Im deutsch-deutschen Unterschied wird die westdeutsche Tradition der staatlich geförderten freiwilligen Organisation in Verbänden und Vereinen gegenüber den neuen Bundesländern, die nach der Wende ihre autoritär organisierte soziale Integration verloren hatten und nur allmählich westdeutsche Strukturen aufnahmen, deutlich. Der vergleichsweise niedrigere Organisationsgrad in Frankreich ist wohl der Tatsache geschuldet, dass das Vereinswesen hier traditionell weniger stark etabliert und durch ein Spannungsverhältnis gegenüber dem laizistischen Staat gekennzeichnet ist, der auch solchen Organisationen nur begrenzte Unterstützung zukommen lässt (Mény 1999). Dieser Trend ist seit den 1970er Jahren stabil (Roudet & Tchernia 2001, S. 153).

Politische Partizipation

Eine neuere europaweite Jugendstudie wurde im Frühjahr 2007 bei 19.000 jungen Menschen in Europa durchgeführt und bezog sich auf alle, nunmehr 27, Mitgliedstaaten (Flash Eurobarometer 202 – The Gallup Organization 2007).

In dieser Umfrage wurden junge Leute u.a. danach gefragt, wie sie sich während des letzten Jahres ins politische Leben involviert haben (Flash Eurobarometer 202 – The Gallup Organization 2007, S. 47-49). Die Ergebnisse zeigen, dass 28 % der befragten 15- bis 30-Jährigen sich im letzten Jahr an einer Unterschriftensammlung beteiligt haben, 24 % gaben ihre politischen Ansichten in einem Onlinediskussionsforum kund und 20 % nahmen an einer Demonstration teil. Nicht ganz so viele Befragte berichteten, dass sie im vergangenen Jahr für eine Nichtregierungsorganisation (NGO) gearbeitet haben (11 %), 8 % waren in einer Gewerkschaft aktiv oder Mitglied einer Gewerkschaft, 5 % arbeiteten in einer politischen Partei. Ein knapper ländervergleichender Blick soll hier auf Frankreich und Deutschland geworfen werden: Die in Deutschland im Vergleich zu Frankreich stark ausgeprägten intermediären Strukturen (wie oben am Beispiel der Verbände, Vereine und Organisationen gezeigt) haben möglicherweise kanalisierende Funktionen, was die politische Artikulation angeht, in Frankreich nämlich haben nahezu dreimal so viele junge Menschen sich an einer Unterschriftensammlung beteiligt (43% gegenüber 15%) und nahezu doppelt so viele an einer Demonstration teilgenommen (20% gegenüber 37%).

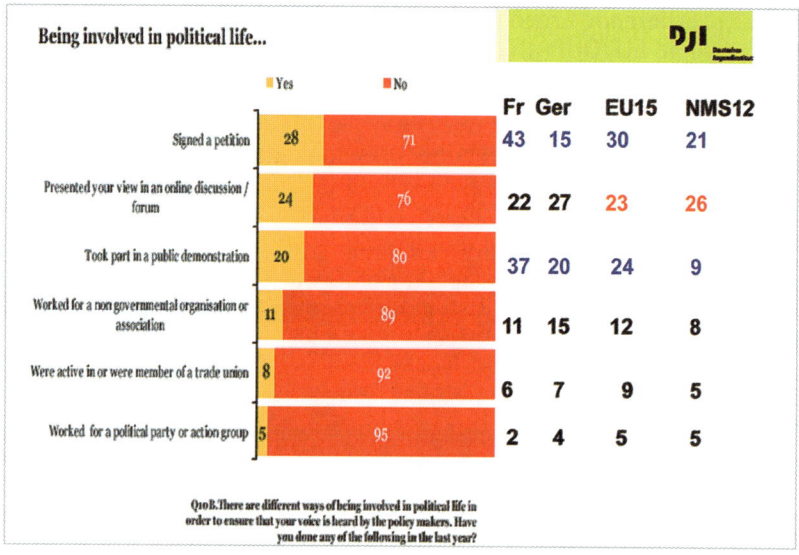

Abbildung 1: Formen politischen Engagements
Quelle: Flash Eurobarometer 202

Interessant im Vergleich zwischen alten und neuen Mitgliedstaaten ist die Tatsache, dass nahezu alle traditionellen Formen der politischen Beteiligung in den alten Mitgliedstaaten deutlich häufiger ausgeübt werden, moderne, internetbasierte Formen aber häufiger in den neuen Mitgliedstaaten. Europaweit zeigen sich in der Studie bekannte soziodemografische Einflussfaktoren: Junge Männer sind in bestimmten Bereichen politisch aktiver als junge Frauen. Dies ist besonders der Fall beim Präsentieren der eigenen politischen Ansichten in einem Online-Forum (29 % verglichen mit 19 %) und für das Teilnehmen an einer öffentlichen Demonstration (22 % gegenüber 18 %). Ältere Befragte sind zumeist aktiver ins politische Leben eingebunden als jüngere. Aber jüngere Befragte berichten beispielsweise ein häufigeres Teilnehmen an einer öffentlichen Demonstration (23 %) als die der höchsten Altersgruppe (18 %). Auch Bildungseffekte spielen europaweit eine herausragende Rolle. So beteiligten sich an Unterschriftensammlungen 37 % der Befragten mit Abitur gegenüber 15 % mit unteren Bildungsabschlüssen.

Dr. Wolfgang Gaiser, Prof. Dr. Franziska Wächter

Differenzierende Ergebnisse im Acht-Länder-Vergleich: die Studie EUYOUPART

Eine speziell und vertiefend die politische Beteiligung Jugendlicher im Ländervergleich analysierende Studie ist „EUYOUPART Political Participation of Young People in Europe – Development of Indicators for Comparative Research in the European Union". Hierfür wurden qualitative und quantitative empirische Erhebungen in acht europäischen Ländern (Österreich, Bundesrepublik Deutschland, Frankreich, Großbritannien, Slowakei, Estland, Finnland und Italien) bei 15- bis 24-Jährigen im Jahre 2004 durchgeführt.[4] Das Projekt verweist auf zwei Aspekte, die zur europaweiten Erfassung und ländervergleichenden Analyse der Partizipation junger Menschen zu berücksichtigen sind: Zum einen muss das Indikatorenspektrum erweitert werden, weil neue Formen wie Internet und Handy für die Information, Mobilisierung und die tatsächliche Einflussnahme eine zunehmende Rolle spielen. Zum anderen müssen neue Strategien der politischen Artikulation (strategische Nutzung der Konsumentenrolle, moralischer Konsum, Produkt- und Produzentenboykott) stärker in den Blick genommen werden (de Rijke et al. 2008). Außerdem zeigt das Projekt EUYOUPART sowohl durch eine vergleichende Analyse der länderspezifischen Partizipationsstrukturen als auch durch qualitative Interviews, dass die jeweiligen politischen Kulturen differenziert berücksichtigt werden müssen, weil auf der begrifflichen Ebene gleich etikettierte Handlungen in unterschiedlichen gesellschaftlichen Kontexten durchaus sehr Unterschiedliches bedeuten können.

Im Folgenden werden einige Schlaglichter auf Ergebnisse der Studie geworfen. Zunächst werden die Rahmenbedingungen für gesellschaftliche Beteiligung für die einzelnen Länder der EUYOUPART-Studie skizziert. Im Anschluss daran werden verschiedene Formen gesellschaftlicher und politischer Partizipation im Ländervergleich sowie ausgewählte Einflussfaktoren auf die Beteiligungsbereitschaft von Jugendlichen und jungen Erwachsenen dargestellt.

---

4 *Hierzu finden sich auf der Projekthomepage detaillierte Arbeitsberichte und Ergebnisse (vgl. http://www. sora.at/de/start.asp?b=14). Eine zusammenfassende Buchpublikation ist vorgelegt (vgl. Spannring et al. 2008).*

Die EUYOUPART-Ergebnisse aus dem Jahr 2004 zeigen: Jungsein in Europa – das bedeutet bei etwa 75 Millionen jungen Menschen zwischen 15 und 25 Jahren sehr Unterschiedliches und hält für alle, ob jung oder alt, verschiedenartige Lebensumstände bereit. Für junge Menschen ist insbesondere die Frage nach den Zukunftsperspektiven von Bedeutung: Wie leben junge Menschen in ihren Heimatländern, wie schätzen sie ihren Lebensstandard ein? Welche Erwartungen haben sie an ihr zukünftiges Leben? Auf welche Bereiche schauen sie zuversichtlich, auf welche pessimistischer?

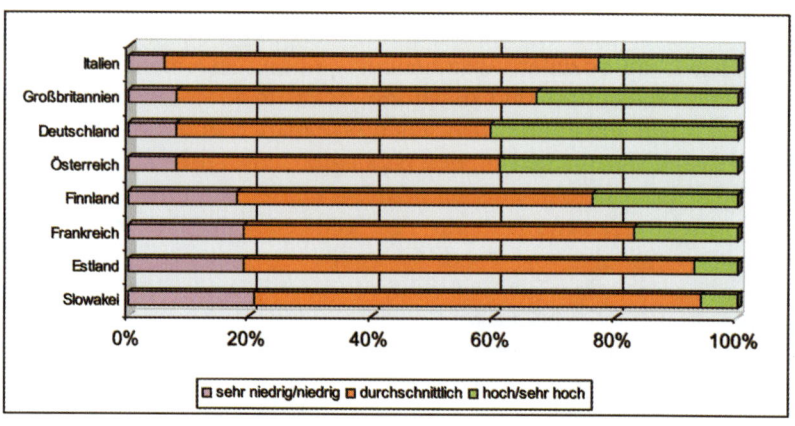

Abbildung 2: Subjektiv eingeschätzter Lebensstandard
Quelle: EUYOUPART, eigene Berechnungen

In Estland und der Slowakei schätzten die Jugendlichen und jungen Erwachsenen den eigenen Lebensstandard erwartungsgemäß als eher niedrig ein (Abb. 2). Aber auch in Frankreich und Finnland ist der Anteil der 15- bis 25-Jährigen hoch, die ihren eigenen Lebensstandard für niedrig oder sehr niedrig halten. In den anderen Ländern ist der Anteil derer, die für sich einen hohen bzw. sehr hohen Lebensstandard feststellen, größer. Insgesamt schätzen in allen Ländern die jüngeren Jugendlichen ihren Lebensstandard höher ein als die älteren. In Finnland, Österreich, Deutschland und Italien bewerten junge Männer das Niveau höher als junge Frauen.

Deutlich wird jedoch auch, dass ein hoher Lebensstandard skeptische Zukunftserwartungen nicht ausschließt. Für EUYOUPART
wurden die jungen Menschen auch dazu befragt, ob ihre Situation in
zehn Jahren „besser, gleich oder schlechter" als die ihrer Eltern sein
wird – (bezogen auf Einkommen, Arbeitsplatz, soziale Absicherung,
Lebensqualität sowie Aus- und Weiterbildung; vgl. Abb. 3). Obwohl
deutsche und österreichische Jugendliche und junge Erwachsene einen
recht hohen Lebensstandard für sich feststellen, blicken sie in allen
angesprochenen Bereichen im Europa-Vergleich am pessimistischsten
in die Zukunft. Einen deutlichen, alle anderen überflügelnden Optimismus strahlen hingegen die jungen Estinnen und Esten aus: 80 %
bis 90 % von ihnen erwarten bessere bzw. viel bessere Gegebenheiten.
Ein Mehr an sozialer Absicherung wird insgesamt am seltensten
erwartet. Wiederum sind dabei die Erwartungen der jungen Öster-
reicherInnen sowie ihrer deutschen Nachbarn von allen Ländern am
geringsten. Oft blicken Frauen dabei pessimistischer in die Zukunft
als Männer.

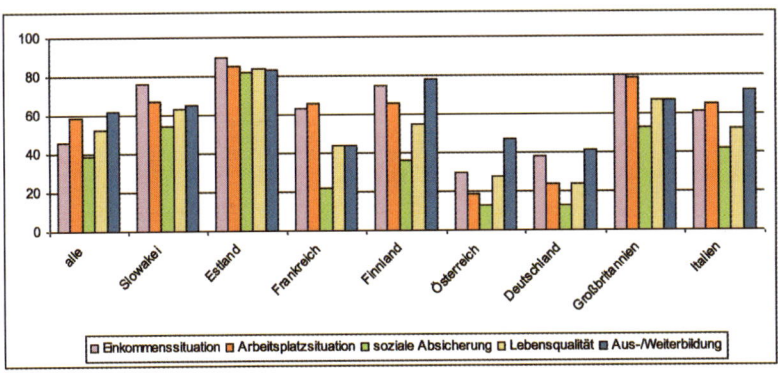

Abbildung 3: Zukunftsaussichten für verschiedene Lebensbereiche
Quelle: EUYOUPART, eigene Berechnungen

Welche Faktoren sind für das subjektive Wohlbefinden und die Lebenszufriedenheit letztlich verantwortlich? Inwieweit hat die Beurteilung
der eigenen politischen Führung einen Einfluss auf den derzeitigen
Lebensstandard sowie auf die zukünftigen Erwartungen? Wie Menschen (ihre) Gesellschaft wahrnehmen (also welches Vertrauen sie z.B.

in ihre politischen Institutionen haben), ist mit entscheidend für ihr individuelles Wohlbefinden. Die Zufriedenheit mit der eigenen Regierung hängt auch davon ab, inwieweit man gesellschaftliche Beschränkungen oder Unterstützungen wahrnimmt, um sich selbst als Individuum in diesem Rahmen entfalten zu können (Böhnke 2007). Die finnischen Jugendlichen und jungen Erwachsenen sind mit ihrer Regierung (im Jahr 2004) auffallend „äußerst zufrieden" (Abb. 4). Am unzufriedensten zeigen sich die 15- bis 25-Jährigen in der Slowakei, Deutschland, Italien und Frankreich. In allen Ländern besteht der vermutete Zusammenhang zwischen der Beurteilung der eigenen Regierung und der Einschätzung des eigenen Lebensstandards. Am stärksten ist diese Verbindung für die Slowakei zu beobachten, d.h. Jugendliche, die ihre Regierung kritisch beurteilen, schätzen ihren eigenen Lebensstandard ebenfalls gering ein – und umgekehrt. Je besser die Regierung bewertet wird, desto weniger ist diese Bewertung mit der eigenen Lebenszufriedenheit verbunden. Dinge, die als selbstverständlich und vorausgesetzt gesehen werden, beeinflussen weniger die Lebenszufriedenheit (Böhnke 2007). Die Einschätzung der eigenen Regierung als leistungsschwach hat jedoch entsprechend negative Auswirkungen auf das individuelle Wohlbefinden.

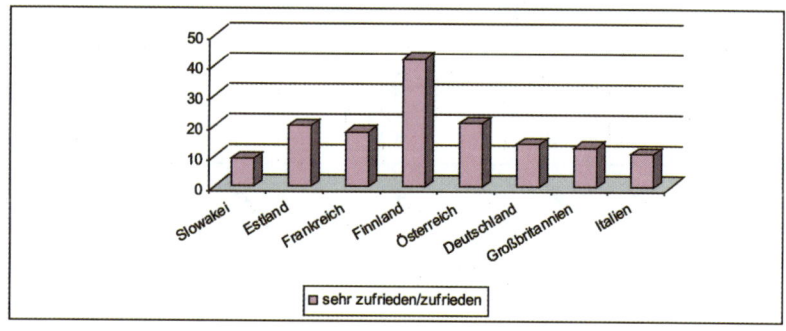

Abbildung 4: Zufriedenheit mit der eigenen Regierung (in 2004)
Quelle: EUYOUPART, eigene Berechnungen

Die Ergebnisse von EUYOUPART zeigen in dieser Hinsicht einen klaren Unterschied zwischen alten und neuen EU-Ländern auf. Ein geringer bzw. gering eingeschätzter Lebensstandard (wie für die Slowakei und Estland zu beobachten, vgl. Abb. 2) bewirkt bei diesen

Dr. Wolfgang Gaiser, Prof. Dr. Franziska Wächter

jungen Menschen eine starke Zuversicht in die Zukunft. Andererseits bewirkt ein eher hoher Lebensstandard (wie beispielsweise in Deutschland und Österreich) einen eher skeptischen Blick in die Zukunft: Wird am Ende das, was man hat, als gegeben angesehen, und kann somit nicht mehr zur Zufriedenheit beitragen (Böhnke 2007)? In allen Ländern sind die Zukunftsaussichten der Jugendlichen gedämpft und sie können für sich kaum positive Zukunftsaussichten vorstellen, was den Wunsch nach sozialer Absicherung und Sicherheit verstärkt.

Beeinflussen diese Bewertungen der Lebenslage politische Haltungen und Handlungen? Wenn ja – in welcher Form? Das politische Interesse gilt als ein wichtiger Prädiktor für Beteiligung (Gaiser & de Rijke 2006). Abbildung 5 gibt einen Überblick über die Verteilung und lässt auf Anhieb bereits erhebliche Differenzen zwischen den einzelnen Ländern, die an EUYOUPART teilgenommen haben, erkennen. Während in Deutschland etwas mehr als die Hälfte (51 %) der befragten jungen Menschen (sehr) interessiert an Politik ist, nimmt dies in Großbritannien, Estland und der Slowakei nicht einmal mehr jede/r Dritte für sich in Anspruch. Auch die aus der empirischen Forschung seit langem bekannten geschlechtsspezifischen Unterschiede hinsichtlich des geäußerten politischen Interesses variieren über die in

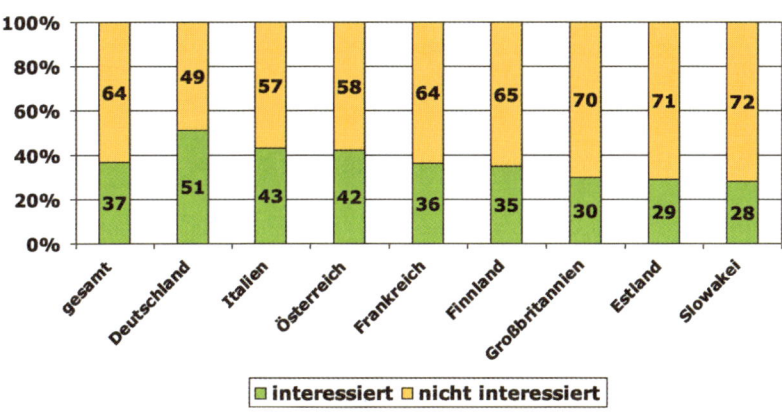

Abbildung 5: Interesse an Politik
Quelle: EUYOUPART, eigene Berechnungen; dargestellt sind die zusammengefassten
Werte 1 und 2 (sehr interessiert und interessiert) einer 4-stufigen Antwortskala

EUYOUPART beteiligten Nationen. Sehr große Unterschiede in der Form, dass junge Männer stärker politisch interessiert sind als junge Frauen, lassen sich in Deutschland (16 Prozentpunkte Unterschied), Österreich, Italien und der Slowakei beobachten. Geringer fallen die Differenzen in Estland, Finnland und Frankreich aus, und in Großbritannien verschwinden die Unterschiede ganz. D.h. junge Britinnen und Briten sind gleichauf (un-)interessiert an politischen Geschehnissen.

Aber was bedeutet „Politik" für Jugendliche und junge Erwachsene überhaupt? Welche Inhalte werden von ihnen mit dem Begriff verbunden?[5] Von der überwiegenden Zahl der Befragten wird Politik als ein Weg gesehen, der internationale Probleme (68 %) und soziale Konflikte (67 %) löst. Deutlich weniger (42 %) glauben, dass die Politik Wege hin zu einer besseren Welt findet. Aber auch andere, kritische Stimmen machen sich unmissverständlich deutlich: Für 46 % bedeutet Politik „leere Versprechungen", für 37 % beschäftigt sich Politik mit Dingen, die mit „einem selbst" nichts zu tun haben, 35 % sind der Meinung, dass Politik „einfach nur korrupt" sei und 30 % sehen in Politik ein „Spiel alter Männer". Im Ländervergleich zeigen sich die französischen Jugendlichen als besonders kritisch und unzufrieden. Wirft man einen Blick auf das Vertrauen in politische und gesellschaftliche Institutionen[6], lassen sich drei Bereiche identifizieren: Sehr geringes Vertrauen wird den jeweiligen nationalen Institutionen (wie Regierung, Parteien und PolitikerInnen) entgegengebracht, mittleres Vertrauen existiert auf Seiten der Jugendlichen gegenüber den Europäischen Institutionen (Europäische Kommission und Parlament) und hohes Vertrauen setzen die Jugendlichen in Nichtregierungsorganisationen (wie Greenpeace oder Amnesty International).

Wie setzen sich diese Einstellungen in politisches Handeln um, d.h. in welchen Bereichen engagieren sich Jugendliche in Gesellschaft und Politik – und in welchen nicht? Wählen zu gehen, ist für die allermeisten BürgerInnen – nicht nur für Jugendliche und junge Erwachsene – *der* Ausdruck für politische Beteiligung. Im Vergleich mit anderen Beteiligungsformen wie Mitarbeit in einer Partei, Teilnahme an Demonstrationen oder politisch oder ethisch motiviertem

---

5 *Die entsprechende Frage wurde in Deutschland nicht gestellt.*

6 *Nicht erfragt in Deutschland und Finnland.*

Dr. Wolfgang Gaiser, Prof. Dr. Franziska Wächter

Boykott von Produkten, gilt die Beteiligung an Wahlen unter den Jugendlichen als effektivste Form der Einmischung (62 % über alle Länder; in der Spannbreite: Deutschland mit 74 % gegenüber Estland und Großbritannien mit jeweils 52 %). Die selbstberichtete Beteiligung an nationalen Wahlen der befragten Jugendlichen der acht EUYOU-PART-Länder ist hoch: 95 % der italienischen, 83 % der deutschen und 80 % der österreichischen jungen Menschen geben an, „an der letzten nationalen Wahl" teilgenommen zu haben (Abb. 6). In Großbritannien ging – korrespondierend mit dem geringen politischen Interesse – jedoch nicht einmal jede/r zweite Jugendliche an die Wahlurne.

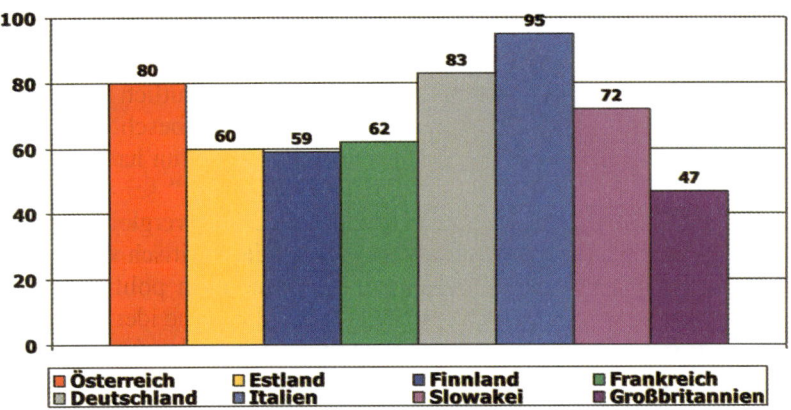

Abbildung 6: Berichtete Wahlbeteiligung bei der letzten nationalen Wahl
Quelle: EUYOUPART, eigene Berechnungen

Der in Umfragen zum Wahlverhalten häufig beschriebene Effekt des „Overreportings" bzw. „Misreportings" (Hardmeier & Fontana 2006), d.h. einer Verzerrung der (selbstberichteten) Beteiligungs-zahlen (meist) nach oben, kann mit den EUYOUPART-Daten eindrücklich für die Wahlen zum Europäischen Parlament im Juni 2004 gezeigt werden. Ogris und Westphal (2006) stellen in ihren Analysen die von den Jugendlichen berichteten Zahlen denen der Wahlstatistik der jeweiligen Länder gegenüber (Abb. 7).

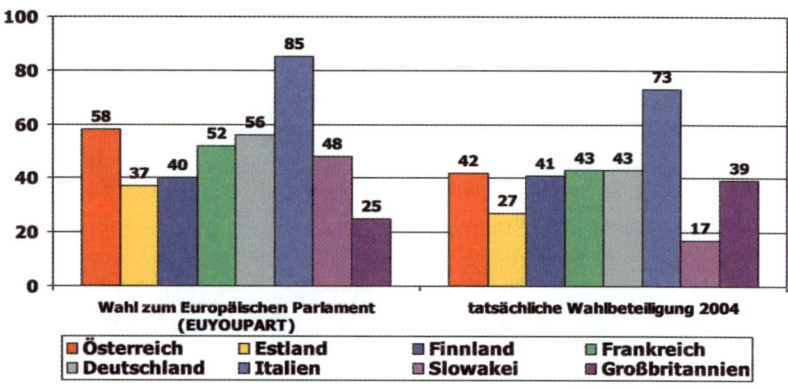

Abbildung 7: Berichtete und tatsächliche Wahlbeteiligung bei der Wahl zum
Europäischen Parlament (Juni 2004)
Quelle: EUYOUPART, eigene Berechnungen

In der Rückerinnerung meinten in fast allen Ländern mehr Jugendliche an der Wahl teilgenommen zu haben, als dies tatsächlich der Fall war.

Das formale Bildungsniveau hat einen herausgehobenen Einfluss auf das Wahlverhalten: Je höher die Bildung, desto wahrscheinlicher ist eine Beteiligung an Wahlen und die eingeschätzte Effektivität dieses (partizipativen) Handelns. In Deutschland wird in qualitativen Interviews zu EUYOUPART mit Jugendlichen unterschiedlicher Bildung und Herkunft deutlich, dass der Wahl als Ausdruck der politischen Einstellung und Teilnahmemöglichkeit an Politik zwar eine hohe Bedeutung beigemessen wird, jedoch auch Gründe dafür sprechen, nicht wählen zu gehen. So haben insbesondere Jugendliche niedrigerer Bildungsniveaus häufiger das Gefühl, sich nicht genügend auszukennen, um zu partizipieren. Sie selbst sind der Meinung, dass ihnen entsprechende Kompetenzen fehlen (Wächter & Riegel 2004).

Die Beteiligung an Wahlen kennzeichnet jedoch nur einen Aspekt der politischen Partizipation, nämlich den innerhalb des repräsentativen demokratischen Systems. Jenseits dieses Bereichs zeigen Jugendliche in Europa vielfältige andere partizipative Aktivitäten. Eine in den letzten Jahren zunehmende Form ist die des „politischen Konsums".

Dr. Wolfgang Gaiser, Prof. Dr. Franziska Wächter

Damit sind Kaufentscheidungen gemeint, die sich nicht nur auf ökonomische Kriterien beziehen, sondern in einem weiteren Sinne „politische Motive" enthalten (Holzer 2007). Es handelt sich dabei um Boykottaktionen gegen bestimmte Produkte oder Firmen. Aber auch ein bestimmter Konsum, etwa von „fair" gehandelten und produzierten Nahrungsmitteln, kann politisch motiviert sein und wird dementsprechend als „Buycott" verstanden. Solche Handlungen sind nicht notwendig in sozialen Netzen oder Gruppierungen verankert, haben somit einen stärker individuellen Charakter als viele andere Formen politischer Partizipation (Gaiser et al. 2009). Die Ergebnisse aus dem Projekt EUYOUPART in Abbildung 8 zeigen, dass Handlungen politischen Konsums ein nicht unbeträchtliches Ausmaß haben. Beispielsweise hat immerhin ein Viertel der befragten Jugendlichen in Finnland (in den letzten 12 Monaten) bereits Produkte aus politischer Motivation heraus boykottiert und 31 % haben sich bewusst für den Kauf entsprechender Waren entschieden. In Großbritannien wird Buy- oder Boykott hingegen mit Anteilen von fünf bzw. vier Prozent eher selten praktiziert.

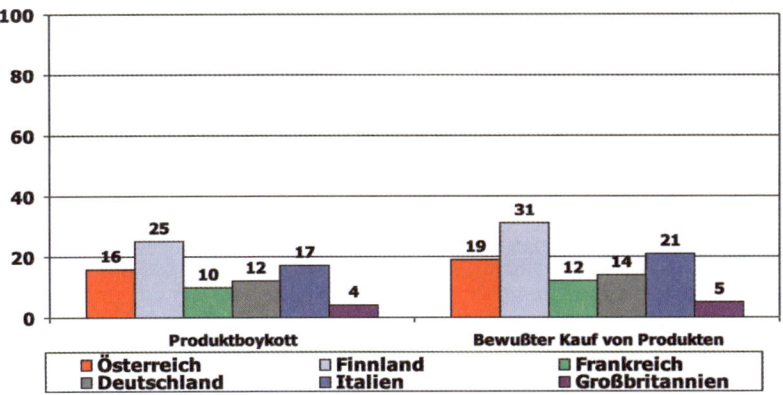

Abbildung 8: Politischer Konsum
Quelle: EUYOUPART, eigene Berechnungen; Anmerkung: Estland und Slowakei nicht vergleichbar

Für Deutschland wurde in weitergehenden Analysen der Frage nachgegangen, ob und wie sich diese neuen Partizipationsformen in eine Aktivitätsstruktur und -systematik einpassen (wie sie sich mit den

„klassischen" Formen – konventionell, unkonventionell-legale und unkonventionell-nicht-legale Partizipation – ergeben haben) oder ob sie insgesamt eine davon unabhängige Dimension bilden (de Rijke et al. 2008). Die Ergebnisse weisen klar auf eine Neuheit dieser Partizipationsformen hin, die das Repertoire erweitern. Da politischer Konsum stärker als die anderen Formen in den normalen Alltag des Lebens hineinreicht, liegt die Interpretation nahe, sie als Ausweitung von Politik jenseits der rein auf das politische System und seine Institutionen und Personen gerichteten Aktivitäten zu bewerten (auch: Baringhorst u.a. 2007). Neueste Zahlen zu Deutschland verweisen auch auf eine zunehmende Häufigkeit dieser politischen Artikulationsform: So haben 2009 nach Ergebnissen der DJI-Surveyforschung AID:A (Aufwachsen in Deutschland) bereits 37 % der 18- bis 29-Jährigen aus politischen, ethischen oder Umweltgründen Waren boykottiert oder gekauft (Gaiser u.a. 2011).

Auch das Demonstrationsverhalten und die Teilnahme an Streiks als Ausdrucksformen des politischen Protests sind, nach EUYOUPART-Ergebnissen, in den verschiedenen Ländern unterschiedlich stark ausgeprägt (Abb. 9). Fast ein Drittel der befragten Jugendlichen und jungen Erwachsenen in Italien hat (in den letzten 12 Monaten zum Befragungszeitpunkt) an einer (legalen) Demonstration teilgenommen. Auch Deutschland und Frankreich zeigen mit 23 und 20 % recht hohe Beteiligungswerte.

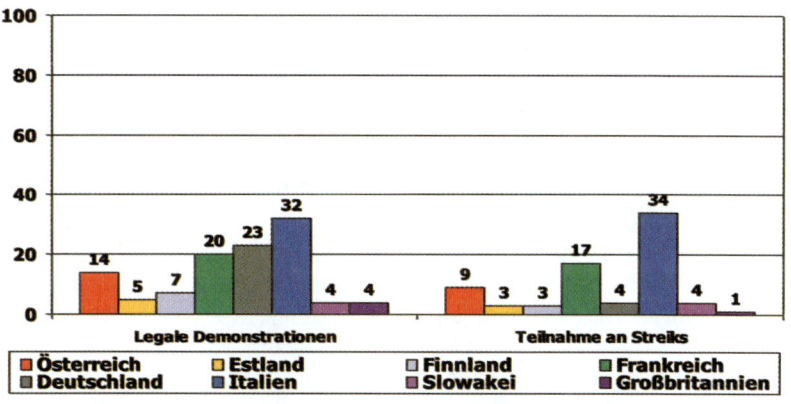

Abbildung 9: Politischer Protest
Quelle: EUYOUPART, eigene Berechnungen

Dr. Wolfgang Gaiser, Prof. Dr. Franziska Wächter

Von einer besonderen „Protestkultur" lässt sich auch mit Blick auf die Teilnahme an (legalen) Streiks für Italien und Frankreich sprechen: 34 % der italienischen und immerhin noch 17 % der französischen Jugendlichen verleihen ihrer Meinung und ihrem Willen in dieser Form Ausdruck. Deutlich seltener positionieren sich und ihre Einstellungen hingegen junge Menschen in der Slowakei, Großbritannien, Estland und Finnland mithilfe von Demonstrationen oder Streiks.

Gesellschaft und Politik werfen mit der Frage nach einer etwaigen Politikverdrossenheit von Jugendlichen gleichzeitig die Frage nach Möglichkeiten auf, wie Jugendliche an Partizipation herangeführt werden können und welche Faktoren Einfluss auf die Häufigkeit von Beteiligung haben. Als relevante Institutionen und Prozesse kristallisieren sich empirisch die (politische) Sozialisation durch das Elternhaus, Freundschaften, die Schule und Partizipationserfahrungen durch das Eingebundensein in politische Organisationen oder ehrenamtliche Tätigkeiten heraus (Westphal et al. 2008). Die ideologische Orientierung – eher links oder eher rechts – der Eltern (v.a. des Vaters) prägt die der Kinder. Auch das politische Verhalten der Eltern ist eine wichtige, die Partizipation fördernde Größe. Beispielsweise wirken sich das Wahlverhalten der Mutter und die politischen Diskussionen mit dem Vater positiv auf das Wahlverhalten der Töchter und Söhne aus. Den größten Einfluss auf die tatsächliche Teilnahme an Formen der politischen Partizipation hat jedoch der beste Freund/die beste Freundin: Nimmt er oder sie an Demonstrationen teil, erhöht sich die Wahrscheinlichkeit, dass der oder die Jugendliche auch daran teilnimmt, deutlich. So verschieden die Schulsysteme der Staaten in Europa auch sind, so zeigt sich über die an EUYOUPART beteiligten Länder, dass das in der Schule gelernte demokratische Verhalten und die dabei geschulten Fähigkeiten politische Partizipation fördern: Je aktiver sich junge Menschen innerhalb der Schule politisch beteiligen (z.B. in politischen Diskussionen mit LehrerInnen), desto aktiver sind sie auch außerhalb der Schule (z.B. bei Teilnahme an öffentlichen Treffen und beim Verfassen politischer Artikel) und: Je aktiver junge Menschen während ihrer Schulzeit waren (z.B. als KlassensprecherIn), desto aktiver engagieren sie sich politisch, nachdem sie ihre Schulzeit beendet haben (z.B. Mitarbeit in Wahlkämpfen). Außerdem fördert eine organisatorische Eingebundenheit, sei es in politische Institutionen, NGOs oder auch ehrenamtliche Tätigkeiten, das politische

Engagement von Jugendlichen. Sie führt einerseits zu ausgeprägterem politischen Verhalten und andererseits zu einer Teilnahme an verschiedenen Formen politischer Partizipation. So haben beispielsweise 37 % der ehrenamtlich tätigen Jugendlichen an Demonstrationen teilgenommen, unter denjenigen ohne Ehrenamtserfahrung lag der Anteil bei 17 %.

Die Bedeutung unterschiedlicher Institutionen zur Stärkung von Partizipation

Während bisher Aspekte der tatsächlichen Beteiligung analysiert wurden, wird im Folgenden der Frage nachgegangen, welche Priorität aus dem Blickwinkel Jugendlicher bestimmte intermediäre Kanäle und Strukturen für die Beteiligung am gesellschaftlichen Leben haben. Im Eurobarometer 55.1 (2001) wurde anhand einer vorgegebenen Liste danach gefragt, welche Institutionen für die gesellschaftliche Beteiligung der Jugend hauptsächlich ausschlaggebend sind.

Einrichtungen zur Erleichterung der gesellschaftlichen Teilnahme junger Menschen (als am wichtigsten genannt in %)

	EU15	Deutsch-ld-W	Deutsch-ld.-O	Frank-reich	Öster-reich
Bildungssystem	26	23	24	22	17
Familie und Freunde	20	29	18	21	37
Jugendorganisationen	20	16	19	18	18
Fernsehen	17	6	7	16	6
Staat, Bundes- oder Landesregierungen	8	11	19	5	8
Politische Parteien	4	3	5	4	4
Internetforen (also virtuelle Gemeinschaften)	3	2	2	6	3
Zeitungen und Zeitschriften	1	0	1	2	2
Radio	1	0	0	2	2
weiß nicht	5	8	5	3	7

Tabelle 2
Quelle: Eurobarometer 55.1: Junge Europäer 2001

　Dr. Wolfgang Gaiser, Prof. Dr. Franziska Wächter

Wie die Tabelle zeigt, wird dem Bildungssystem mit 26 % ein zentraler Stellenwert zugeschrieben. An zweiter Stelle stehen mit je 20 % Familie und Freunde sowie Jugendgruppen und Jugendorganisationen. Das Fernsehen nimmt, wenn auch nur mit 12 %, den vierten Platz ein. An fünfter Stelle mit 8 % liegen der Staat und die Behörden auf nationaler und lokaler Ebene, an sechster Stelle (4 %) die politischen Parteien. Dahinter sind Internet, Zeitungen und Radio platziert.

Diese Hierarchie zeigt sich im Großen und Ganzen auch, wenn man die 15 EU-Länder differenziert betrachtet: In 12 der 15 Länder wird von den jungen EuropäerInnen das Bildungssystem als wichtigste Institution für die Beteiligung am öffentlichen Leben erachtet. Dies gilt auch für Deutschland-West, -Ost und Frankreich (23 / 24 / 22 %). In Österreich allerdings steht es mit nur 17 % erst an dritter Stelle hinter den Jugendorganisationen mit 18 % und „Familie und Freunde", wo mit 37 % dem sozialen Umfeld europaweit mit Abstand die größte Bedeutung beigemessen wird.

Bei den Jugendgruppen/Jugendorganisationen liegen Westdeutschland (16 %), Ostdeutschland (19 %) und Frankreich (18 %) nahe beieinander, aber leicht unter dem europäischen Durchschnitt (20 %). Den privaten Netzen wird in Westdeutschland mit 29 % zwar weniger als in Österreich, aber deutlich mehr Stellenwert zugeschrieben als in Ostdeutschland (18 %) oder Frankreich (21 %). Bezüglich staatlicher Instanzen liegt Ostdeutschland mit 19 % deutlich vor Westdeutschland mit 11 %, Österreich (8 %) oder Frankreich (5 %) und dem EU-Durchschnitt von 8 %.

Beim Fernsehen zeigt sich ein deutlicher Unterschied zwischen Österreich (6 %) und Deutschland (West 6 %, Ost 7 %) gegenüber Frankreich (16 %). Es scheint also eine Tendenz der vergleichsweise höheren Skepsis in Frankreich gegenüber staatlichen Stellen bei gleichzeitiger Höherbewertung von Instanzen bürgerlicher Öffentlichkeit und liberaler Kommunikation zu geben. Leicht höher ist auch in Frankreich gegenüber dem EU-Durchschnitt die Bewertung von Internet, Zeitungen und Radio.

Maßnahmen zur Stärkung von Partizipation

Welche Wünsche haben Jugendliche hinsichtlich einer Verbesserung ihrer Beteiligungsmöglichkeiten? Daten der Eurobarometerstudie „Young Europeans" helfen auch hier weiter, um zu erfahren, welche rechtlichen Regelungen, institutionalisierten Verfahren, spezifischen Maßnahmen und Programme aus der Sicht junger Menschen ausgebaut bzw. etabliert werden sollten (vgl. Tab. 3).

Maßnahmen zur Erleichterung der gesellschaftlichen Teilnahme junger Menschen (in %, Mehrfachangaben)

	EU-15	Deutsch-ld.W	Deutsch-ld.-O	Frank-reich	Öster-reich
Junge Leute zu Rate ziehen vor Entscheidungen	46	52	63	44	54
Spezielle Informationskampagnen für junge Leute	45	47	42	45	36
In Schulen Pflichtunterricht zur Staatsbürgerkunde einführen	37	34	23	41	25
Jugendverbände überall in der EU ins Leben rufen	28	21	26	39	27
Ermutigung zu freiwilliger sozialer Tätigkeit	19	27	23	17	14
Das Alter der Wahlberechtigung herabsetzen	13	11	13	12	22
keine davon	2	3	1	2	3
weiß nicht	6	9	6	2	5

Tabelle 3

Quelle: Eurobarometer 55.1: Junge Europäer 2001

Für mehr als vier von zehn jungen EuropäerInnen stehen zwei Maßnahmen im Vordergrund, wenn es um ihre effektivere politische Beteiligung geht: Erstens wollen sie vor jeder öffentlichen Entscheidung, die sie betrifft, hierzu auch gefragt werden (46 %) und zweitens sollten spezielle Informationskampagnen für Jugendliche organisiert werden (45 %).

Bezüglich des Wunsches nach Informationskampagnen ist sich die Jugend in Deutschland (West 47 %, Ost 42 %) und Frankreich (45 %) weitgehend dahin einig, dass hier mehr getan werden müsse, anders in Österreich (36 %), wo hierauf europaweit das vergleichsweise geringste Gewicht gelegt wird. Dies hat möglicherweise damit zu tun, dass hier bereits viele Informationskampagnen stattfinden (beispielsweise im Zusammenhang mit der Diskussion um die Herabsetzung des Wahlalters) und sich daher ein relativ hoher Anteil der Jugendlichen informiert fühlt. Die Einbeziehung der Jugend vor Entscheidungen wird in Ostdeutschland (63 %) deutlich stärker als in Westdeutschland (52 %), Österreich (54 %) oder Frankreich (45 %) gefordert. Dieses Ergebnis bezüglich Frankreich bestätigt die länderspezifische Besonderheit, hier weniger auf formalisierte Beteiligungsregelungen zu setzen, wie sie sich oben schon bei der unterschiedlichen Bewertung der Bedeutung staatlicher Stellen gezeigt hat. Gegenläufig dazu setzt die französische Jugend (41 %) stärker als die in Westdeutschland (34 %), Österreich (25 %) oder Ostdeutschland (23 %) auf verstärkte bürgerschaftliche Programme in Schulen, worin auch der hervorgehobene Stellenwert der allgemeinen, gleichen und durchgängig als Ganztagsschulen organisierten Bildung zum Ausdruck kommt. Gleichzeitig wird aber auch von der französischen Jugend vergleichsweise stärker eine Unterstützung und Förderung von Jugendverbänden (39 % – in Österreich sind es 27 %, in Ostdeutschland 26 %, in Westdeutschland 21 %) als notwendig erachtet, vielleicht deshalb, weil hier angesichts der laizistischen Trennung von Kirche und Staat und anders als nach dem deutschen Subsidiaritätsprinzip weniger öffentliche Mittel in die Verbandsförderung fließen.

Schulbezogene Programme zur Förderung zivilgesellschaftlicher Beteiligung wurden von allen befragten Jugendlichen an dritter Stelle (37 %) gefordert. Dies kann – vom dritten Platz her – als hohe Einschätzung der Schule für die Stärkung von Partizipation bewertet werden, vom niedrigen Prozentsatz her allerdings auch schlechte Erfahrungen mit politischer Bildung in der Schule reflektieren.

Ehrenamtliches Engagement stärker zu fördern, wird EU-weit von nahezu jedem fünften Jugendlichen (19 %) gewünscht. Solche Maßnahmen werden in Westdeutschland (27 %) stärker als in Ostdeutschland (23 %), Frankreich (17 %) oder Österreich (14 %) gefordert. Dieses Ergebnis verbindet sich plausibel mit den oben dargestellten Unterschieden in den Mitgliedschaften in Vereinen und Verbänden. Diese leben nämlich von ehrenamtlichem Engagement und bieten Strukturen und Inhalte, in denen dieses effektiv wirken kann.

Eine andere Ebene ist mit dem Thema der Herabsetzung des Wahlalters angesprochen. Die Bedeutung der hierzu geführten öffentlichen und wissenschaftlichen Debatte (Hoffmann-Lange & de Rijke 2010) spiegelt sich nicht in der Meinung der Jugendlichen, die in Frankreich, Deutschland und EU-weit ähnlich zurückhaltend antworten: Nur 13 % fordern eine Herabsetzung des Alters für das aktive und 9 % für das passive Wahlrecht. Eine Sonderstellung nimmt hier Österreich ein: Hier wird mehr als in allen übrigen Ländern die Herabsetzung sowohl des aktiven (14 %) als auch des passiven (22 %) Wahlrechts gefordert. Die öffentlichen Debatten und die auch umgesetzte Wahlaltersenkung haben hier möglicherweise zu einer besonderen Sensibilisierung der Jugend geführt.

Ausblick

Die Analysen der EUYOUPART-Daten machen deutlich, dass keineswegs von einer generell „politikverdrossenen" jungen Generation die Rede sein kann.[7] Auch wenn „Politik" von einem großen Anteil der Befragten mit „konventioneller", repräsentativer Politik gleichsetzt wird, diese Politik mit einiger Skepsis betrachtet und mit Kritik an ihr nicht gespart wird, werden gleichzeitig die Möglichkeiten der Einmischung am ehesten in diesem bestehenden System gesehen. Jugendliche und junge Erwachsene sind unzufrieden mit Parteien, PolitikerInnen und haben den Eindruck, dass das politische System ihren Interessenlagen zu wenig Aufmerksamkeit schenkt. Betrachtet man die Breite jugendlicher Partizipationsbereitschaften, so wird eindrücklich sichtbar, in welch nicht unerheblichem Umfang sich junge Menschen vorstellen können, ihre politischen Ansichten zu bekunden. Um ihrer politischen Meinung durch öffentliches Handeln Aufmerksamkeit und Geltung zu verschaffen, nutzen Jugendliche ein breites und innovatives Aktionsspektrum und zeigen so, dass sie durchaus gewillt sind, am politischen Diskurs und an politischer Gestaltung mitzuwirken. Bei einem Vergleich auf europäischer Ebene müssen dabei jeweils die unterschiedlichen sozialstrukturellen, ökonomischen und politischen Gegebenheiten berücksichtigt werden.

---

7 *Einen Überblick über weitere Jugendstudien auf EU-Ebene und Analysen zu politischen Einstellungen und Partizipationsaktivitäten bietet der Artikel von Gaiser & de Rijke 2007 sowie Gaiser et al. 2010.*

Dr. Wolfgang Gaiser, Prof. Dr. Franziska Wächter

Weil neben Herkunft, Bildung und Motivationen gerade auch Partizipationsstrukturen und -gelegenheiten den Umfang und die Formen von Partizipation beeinflussen, sind Prinzipien, wie der von der EU-Kommission geforderte „Strukturierte Dialog" und Themen-Prioritätsetzungen wie „Partizipation" als ein Schwerpunkt der Bund-Länder Kooperation für die Umsetzung der EU-Jugendstrategie bis 2018 so wichtig. Jugendprogramme sollten prinzipiell am Thema und am Prinzip der Partizipation ausgerichtet sein und dabei die Prinzipien von Transparenz und Nachhaltigkeit berücksichtigen. Gezielt ginge es dabei auch darum, „partizipationsbenachteiligte" Gruppen zu erreichen.

Literatur

Baringhorst, Sigrid; Kneip, Veronika; März, Annegret; Niesyto, Johanna (Hrsg.) 2007: Politik mit dem Einkaufswagen. Bielefeld: Transcript Verlag.

Braun, Michael; Mohler, Peter Ph. 2003: Background Variables. In: Harkness, Janet A.; Van de Vijver, Fons J.R.; Mohler, Peter Ph. (Hrsg.) Cross-Cultural Survey Methods. New Jersey: J. Wiley, 101-115.

Böhnke, Petra 2007: Policy or Privacy – What Matters Most for Individual Well-Being? Determinants of life satisfaction in the enlarged Europe. Social Science Research Center Berlin (WZB): WZB Discussion Paper, Order No.: SP I 2007 / 203.

Flash Eurobarometer 202 – The Gallup Organization 2007: Young Europeans. Survey among young people aged between 15-30 in the European Union. Summary. Brüssel: Europäische Kommision.

Gabriel, Oscar W. 1994: Politische Einstellungen und politische Kultur. In: Gabriel, Oscar W.; Brettschneider, Frank (Hrsg.) Die EU-Staaten im Vergleich. Strukturen, Prozesse, Politikinhalte. Opladen: Westdeutscher Verlag, 96-133.

Gabriel, Oscar W.; Brettschneider, Frank (Hrsg.) 1994: Die EUStaaten im Vergleich. Strukturen, Prozesse, Politikinhalte. Opladen: Westdeutscher Verlag.

Gaiser, Wolfgang; de Rijke, Johann 2006: Gesellschaftliche und politische Beteiligung. In: Gille, Martina; Sardei-Biermann, Sabine; Gaiser, Wolfgang; de Rijke, Johann (Hrsg.) Jugendliche und junge Erwachsene in Deutschland. Lebensverhältnisse, Werte und gesellschaftliche Beteiligung 12- bis 29-Jähriger. Jugendsurvey 3. Wiesbaden: VS Verlag für Sozialwissenschaften, 213-275.

Gaiser, Wolfgang; de Rijke, Johann; Wächter, Franziska 2009: Politikdistanz? Jugendliche und Politik im Spiegel der Jugendforschung. In: Kursiv – Journal für politische Bildung, Heft 1/2009, Schwalbach/Ts.: Wochenschau Verlag, 18-27.

Gaiser, Wolfgang 2009: Standpunkte zum europäischen Handeln im Sinne von jungen Menschen – Schwerpunkte aus wissenschaftlicher Sicht. In: AGJ; JfE (Hrsg.) 8. Forum zu Perspektiven Europäischer Jugendpolitik. DOKUMENTATION – Konsultation zu Herausforderungen, Prioritäten und Instrumenten für eine künftige Jugendstrategie in Europa. Berlin und Bonn, 11-17.

Gaiser, Wolfgang; de Rijke, Johann; Spannring, Reingard 2010: Youth and political participation – empirical results for Germany within the European context. In: Young 18:4, 427-450.

Gaiser, Wolfgang; Gille, Martina; Krüger, Winfried; de Rijke, Johann 2011: Jugend und Demokratie. In: Friedrich Ebert Stiftung (Hsrg.) DemokratieReport 2011. Berlin (im Erscheinen).

Gerhards, Jürgen; Hölscher, Michael 2003: Kulturelle Unterschiede zwischen Mitglieds- und Beitrittsländern der EU. Das Beispiel Familien- und Gleichberechtigungsvorstellungen. Zeitschrift für Soziologie, Jg. 32/2003, H. 3, Stuttgart: Lucius & Lucius Verlagsgesellschaft, 206-225.

Hoffmann-Lange, Ursula; de Rijke, Johann 2010: Argumente und Daten zur Herabsetzung des Wahlalters. In: Betz, Tanja; Gaiser, Wolfgang; Pluto, Liane (Hrsg.) Partizipation von Kindern und Jugendlichen. Forschungsergebnisse, Bewertungen, Handlungsmöglichkeiten. Schwalbach / Ts.: Wochenschauverlag, 77-96.

Hardmeier, Sibylle; Fontana, Marie-Christine 2006: Overreporting: Ein vernachlässigtes Problem und die Schwierigkeit von Gegenmaßnahmen, ZUMA Nachrichten 58, Mannheim: GESIS – Leibniz-Institut für Sozialwissenschaften, 50-80.

Holzer, Boris 2007: Einführung. Politik im Supermarkt. In: Geiselberger, Heinrich Hermann (Hrsg.) Und jetzt? Politik, Protest und Propaganda. Frankfurt am Main: Suhrkamp, 251–267.

Mény, Yves 1999: Interessengruppen in Frankreich: von Pluralismus keine Spur. In: Christadler, Marieluise & Uterwedde, Henrik (Hrsg.) Länderbericht Frankreich. Opladen: Westdeutscher Verlag, 348-362.

Ogris, Günther; Westphal, Sabine 2006: Politisches Verhalten Jugendlicher in Europa. In: Aus Politik und Zeitgeschichte 47, Bonn: Bundeszentrale für politische Bildung, 7-17.

de Rijke, Johann; Gaiser, Wolfgang; Wächter, Franziska 2008: Aspekte der Stabilität politischer Orientierungen und politischer Partizipation: In: Gille, Martina (Hrsg.) Jugend in Ost und West seit der Wiedervereinigung. Ergebnisse aus dem replikativen Längsschnitt des DJI-Jugendsurvey. Opladen: VS Verlag für Sozialwissenschaften, 269-299.

Roudet, Bernard; Tchernia, Jean-François 2001: Une présence active dans un milieu associative en évolution. In: Galland, Olivier; Roudet, Bernard (Hrsg.) Les valeurs des jeunes. Tendances en France depuis 20 ans. Paris: INJEP/l'Harmattan, 149-175.

Spannring, Reingard; Ogris, Günther; Gaiser, Wolfgang (Hrsg.) 2008: Youth and Political Participation in Europe. Leverkusen: Barbara Budrich Verlag.

Wächter, Franziska; Riegel, Lisa 2004: National Working Paper on Qualitative Research Findings. EUYOUPART – HPSE-CT-2002-00123, München: DJI.
http://www.dji.de/bibs/D8national_working_paper_germany.pdf

Westphal, Sabine; Natalia Waechter; Ptaszynska, Aleksandra 2008: Learning for participation: family, peers, school, work and voluntary organizations. In: Spannring, Reingard; Ogris, Günther; Gaiser, Wolfgang (Hrsg.) Youth and political participation in Europe. Results of the comparative study EUYOUPART. Leverkusen: Barbara Budrich Verlag, 87-104.

Westle, Bettina 1994: Politische Partizipation. In: Gabriel, Oscar W.; Brettschneider, Frank (Hrsg.) Die EU-Staaten im Vergleich. Strukturen, Prozesse, Politikinhalte. Opladen: Westdeutscher Verlag, 137-173.

Meine Notizen und Ideen zum Thema:

_____

_____

_____

_____

_____

_____

_____

_____

_____

_____

_____

_____

_____

_____

_____

_____

_____

_____

II. Demokratie lernen

Demokratiebildung in der Kindertageseinrichtung – das Konzept „Die Kinderstube der Demokratie"

Prof. Dr. Raingard Knauer
Fachhochschule Kiel und Institut für Partizipation und Bildung

„Demokratie ist die einzige politisch verfasste Gesellschaftsform, die gelernt werden muss – immer wieder, tagtäglich und bis ins hohe Alter hinein." (Negt 2010)

Das Konzept „Die Kinderstube der Demokratie" zeigt, dass Demokratiebildung schon in Kindertageseinrichtungen beginnen kann und wie Demokratiebildungsprozesse durch die demokratische Verfasstheit der Einrichtung angeregt werden können. Im Folgenden wird begründet, warum Demokratiebildung als Partizipation schon in Kindertageseinrichtungen beginnen sollte, was das Konzept „Die Kinderstube der Demokratie" beinhaltet, was eine Kita-Verfassung ist und wie Kindertageseinrichtungen in der Einführung von Beteiligungsrechten unterstützt werden können.

Kinderrechte, Demokratiebildung und Bildung – drei Begründungen für Partizipation in Kindertageseinrichtungen

Partizipation in Kindertageseinrichtungen als Recht der Kinder auf Beteiligung an ihren eigenen Angelegenheiten knüpft an verschiedene Diskurse an, von denen im Folgenden drei kurz skizziert werden.

- Beteiligung als Kinderrecht

In der Kinderrechtskonvention der Vereinten Nationen sind vier allgemeine Prinzipien als Eckpfeiler der Kinderrechte formuliert: das Diskriminierungsverbot (Artikel 2); die Orientierung am Kindeswohl

(Artikel 3 Abs. 1); das Recht auf Überleben und Entwicklung des Kindes (Artikel 6) und das Recht auf Partizipation (Artikel 12). Jedes dieser Prinzipien verweist auf spezifische Rechte von Kindern. Die Bedeutung des Beteiligungsrechts (Artikel 12) liegt darin, dass das Kind erst durch dieses Recht vom Empfänger/Objekt erwachsenen Handelns zum Subjekt wird. Darauf, wie wichtig diese Ermächtigung des Kindes als Subjekt ist, hat schon Janusz Korczak 1979 hinge-wiesen: „Deshalb fordere ich, endlich aufzuhören mit dem falschen Schein unseres zärtlichen und duseligen geradezu gnädigen Verhält-nisses zum Kind, stattdessen sollte man fragen, welche Rechte es hat" (Korczak 1979, S. 104).

- Beteiligung als Schlüssel zu Demokratiebildung

Das Eingangszitat von Oskar Negt weist darauf hin, dass Demo-kratie eine Gesellschaftsform und eine politische Verfasstheit ist, die gelernt und immer wieder neu hergestellt werden muss. Das Erlernen von Demokratie beginnt weit vor dem 18. Lebensjahr: Es beginnt mit der Geburt und spätestens mit dem Eintritt des Kindes in die erste (teil)öffentliche Institution – die Kindertageseinrichtung. Hier erleben Kinder i.d.R. zum ersten Mal, wie eine Gruppe von Menschen, die nicht miteinander verwandt sind, organisiert wird, wer welche Rechte hat und vor allem welche Rechte sie selbst haben. Damit machen Kinder, auch wenn die pädagogischen Fachkräfte dies i.d.R. nicht als Demokratiebildung (und schon gar nicht als politische Bildung) ver-stehen, doch erste Erfahrungen einer „politischen" Verfasstheit dieser Gemeinschaft. Damit beginnt politische Bildung in Kindertagesein-richtungen, ob die pädagogischen Fachkräfte dieses wollen oder nicht. Und gleichzeitig wird deutlich: Demokratiebildung in Kindertages-einrichtungen kann nicht gelehrt werden, sondern muss erfahren werden – mit anderen Worten die Aneignung von Demokratie beginnt durch die Erfahrung von Partizipation.

- Beteiligung als Schlüssel zur Bildung

Indem sich Kinder für ihre eigenen Interessen einsetzen und in An-gelegenheiten des Alltags einbezogen werden (von der Wahl der Spielthemen und der Selbstbestimmung über ganz persönliche

Angelegenheiten wie Essen und Kleidung, über die Raumgestaltung und die Projektplanung bis hin zu Personal- und Finanzentscheidungen), erwerben sie nicht nur Demokratiekompetenzen, sondern Kompetenzen in allen Bildungsbereichen. Indem sie Akteure ihres Alltags werden, aktivieren sie all ihr Wissen und Können für die Bewältigung von Herausforderungen und erwerben so komplexe Handlungskompetenzen (auch z.b. in den Bildungsbereichen Mathematik, Naturwissenschaften, Ethik, etc. und vor allem Sprache).

„Bildung ist immer sich bilden" (Hentig 1999, S. 37). Die Bildungsprogramme für Kindertageseinrichtungen, die für alle Bundesländer formuliert wurden, weisen darauf hin, dass Bildung vor allem als Aneignungstätigkeit des einzelnen Kindes in einer Gruppe verstanden wird, die von den pädagogischen Fachkräften herausgefordert und begleitet werden muss. Wollen Kindertageseinrichtungen ihrem Bildungsauftrag nachkommen, müssen sie angesichts der Heterogenität und der ganz persönlichen Bildungsprozesse, die jedes Kind auszeichnen, die Kinder selbst beteiligen[1]. Nur durch Partizipation kann es den Fachkräften gelingen, die Perspektive und Interessen des Kindes wahrzunehmen und an diese anzuknüpfen. Partizipation ist der Schlüssel zu aneignungsorientierten Bildungskonzepten, die jedes Kind mitnehmen!

Zum Konzept „Die Kinderstube der Demokratie"

Das Konzept „Die Kinderstube der Demokratie" wurde 2001 als schleswig-holsteinisches Modellprojekt entwickelt und in sieben Kindertageseinrichtungen erprobt (vgl. Hansen et al. 2004, siehe auch die DVD zum Projekt Müller & Plöger 2008). Die Einführung von Partizipation in den Alltag dieser Kindertageseinrichtungen erfolgte entweder durch die Planung und Begleitung von Partizipationsprojekten mit dem Kita-Team oder durch die Diskussion und Einführung einer Kita-Verfassung (vgl. Hansen et al. 2011).

---

1 Die Orientierung der Bildungsarbeit von Kindertageseinrichtungen an den Differenzen, die Kinder mitbringen, sind z.B. in den Schleswig-Holsteinischen Bildungsleitlinien als Querschnittsdimensionen verankert (vgl. Knauer & Hansen 2008).

Prof. Dr. Raingard Knauer

Um die Erfahrungen für andere schleswig-holsteinische Kindertageseinrichtungen nutzbar zu machen, wurden 20 MultiplikatorInnen für Partizipation in Kindertageseinrichtungen ausgebildet (2004 – 2006, vgl. www.partizipation-und-bildung.de). Von 2009 bis 2010 wurde das Konzept in sieben Kindertageseinrichtungen in Nordrhein-Westfalen eingeführt und 2009 in zwei Einrichtungen evaluiert (vgl. Sturzenhecker et al. 2010). Aktuell werden die Erfahrungen aus diesem Konzept aus der Perspektive gesellschaftlichen Engagements in Kindertageseinrichtungen als Teil des Projekts jungbewegt der Bertelsmann Stiftung erweitert (vgl. Knauer et al. 2011).

Um Partizipation von Kindern in Kindertageseinrichtungen umzusetzen, bedarf es vor allem der Reflexion und Weiterentwicklung zweier Aspekte: der Qualifizierung des Dialogs zwischen Erwachsenen und Kindern, der von Achtung, Respekt und Interesse geprägt ist, und einer strukturellen Verankerung von Kinderrechten.

• Zur Bedeutung eines Dialogs für Partizipation: In der Pädagogik geht es immer auch darum, wie die Fachkräfte die pädagogische Beziehung gestalten. Je jünger die Kinder sind, desto stärker sind sie auf vertrauensvolle Beziehungen zu Erwachsenen angewiesen, desto wichtiger ist Bindung als Basis der pädagogischen Arbeit. Junge Kinder sind elementar darauf angewiesen, dass sie von Erwachsenen liebevoll angenommen und begleitet werden. Ob und wie dies geschieht, liegt in der Verantwortung der Erwachsenen. Diese müssen für sich die Frage beantworten: „Was wünschen wir, woran wollen wir uns halten, welche Konstellation zwischen ungleichen Partnern halten wir für angemessen?" (Kupffer 1980, S. 19).

• Partizipation verlangt, dieses Verhältnis zwischen Erwachsenen und Kindern so zu gestalten, dass es von Achtung, Respekt und Interesse an den anderen geprägt ist. Dazu braucht es eine partizipative Haltung der Erwachsenen, mit der sie Kindern im Alltag begegnen. Es braucht die Fähigkeit, Dialoge gestalten zu können, d.h. zuhören und ermuntern zu können, offene Fragen zu stellen und sich rückversichern zu können, ob man das Gegenüber richtig verstanden hat[2], die eigenen Gedanken so formulieren zu können, dass die Kinder sie verstehen und geduldig zu sein. Solche Kompetenzen können Fachkräfte in Fortbildungen üben und weiter entwickeln (im Konzept „Die Kinderstube der Demokratie" geschieht dies u.a. im Rahmen einer Dialogwerkstatt, vgl. Hansen et al. 2011), sie basieren aber vor allem auf Reflexionen des pädagogischen Alltags.

• Zur Bedeutung der strukturellen Verankerung von Partizipation: Solange Partizipation sich aber nur in der Gestaltung von Dialogen vollzieht, haben die Kinder keine eigenständigen Rechte. Ob ihre Ideen und Interessen berücksichtigt werden, bleibt hier abhängig von der Laune der Erwachsenen. Erst eine strukturelle Verankerung von Partizipation ermöglicht den Kindern zu erfahren, dass sie auch unabhängig von der paternalistischen Gnade der Erwachsenen Rechte haben, dass sie „ein Recht darauf haben, Rechte zu haben"[3].

Eine strukturelle Verankerung von Partizipation entsteht, indem pädagogische Fachkräfte den Kindern inhaltliche Rechte grundsätzlich zugestehen und in der Kindertageseinrichtung Verfahren einführen, durch die Kinder ihre Interessen einbringen und sich an Entscheidungen beteiligen können. Im Projekt „Die Kinderstube der Demokratie" geschieht dies z.B. durch die Einführung einer Kita-Verfassung (s.u.).

• Dabei ist Partizipation kein Plädoyer für eine unbegrenzte Selbstbestimmung der Kinder bzw. für eine totale Machtabgabe an die Kinder. Partizipation will vielmehr Klarheit darüber schaffen, wie die Kinder (und die Erwachsenen) ihre Ideen und Interessen in die Gemeinschaft einbringen können und wie zu welchen Fragen Entscheidungen getroffen werden. Damit entsteht für die Mitglieder der Kindertageseinrichtung (für Kinder und Fachkräfte) „Rechtssicherheit" und damit Demokratie. So können Kinder sich als wirksame Subjekte in der (teil)öffentlichen

---

2 „Kinder zu beobachten, um sie besser zu verstehen, bedeutet also, dass man bereit sein muss, seine Wahrnehmungsergebnisse gegebenenfalls durch die Rückmeldungen der Kinder verändern zu lassen." (Schäfer 2002, S. 126)

3 Der Terminus, „das Recht, Rechte zu haben" geht auf Hannah Arendt zurück, die im Zusammenhang mit staatenlosen Flüchtlingen dieses Recht als Menschenrecht einfordert (vgl. Arendt 2008, S. 613).

Prof. Dr. Raingard Knauer

Einrichtung Kindertageseinrichtung erfahren und gewinnen an Demokratieerfahrungen und Mündigkeit.

Zur Verankerung von Selbst- und Mitentscheidungsrechten in einer Kita-Verfassung

Die nachhaltigste Form der strukturellen Verankerung von Beteiligungsrechten in der Kindertageseinrichtung ist die Erarbeitung einer Kita-Verfassung (vgl. Hansen 2005; Hansen et al. 2011; BMFSFJ 2010).

Eine Verfassung bezeichnet die meist in einer Urkunde niedergelegte Grundordnung eines politischen Gemeinwesens. Eine Kita-Verfassung nach dem Konzept „Die Kinderstube der Demokratie" bezeichnet die schriftlich niedergelegte konkrete Grundordnung der Kindertageseinrichtung in Bezug auf Beteiligungsrechte, die sich demokratischen Grundwerten verpflichtet fühlt. Sie ist nicht deckungsgleich mit einem Konzept oder dem Leitbild einer Einrichtung und beinhaltet auch nicht alle Regelungen der Kindertageseinrichtung. Sie klärt vielmehr die Frage der Organisation von Macht und Entscheidungsprozessen in dieser Kindertageseinrichtung, für die sie von den Fachkräften entwickelt wurde. Damit kann eine Kita-Verfassung auch nicht „von oben" inhaltlich vorgegeben werden. Die konkreten Beteiligungsrechte, die Kindern zugestanden werden sollen, werden vielmehr von den Fachkräften selbst in einer Fortbildung, die als „Verfassungsgebende Versammlung" fungiert, geklärt. In dieser Fortbildung werden die Beteiligungsrechte, die Kindern in dieser Einrichtung zugestanden werden sollen, diskutiert und konkretisiert (vgl. Hansen et al. 2011). Inzwischen sind in Norddeutschland auf diese Art und Weise über 50 Kita-Verfassungen entstanden.

Die Verfassung wird mit dem ganzen Team in zwei Schritten erarbeitet:

Schritt 1: Welche Rechte sollen die Kinder haben? Am Anfang steht die Klärung der Rechte, die Kindern zugestanden werden sollen. Konkret klären die Fachkräfte folgende Fragen:

Welche Entscheidungen

- dürfen Kinder selbst treffen (Selbstbestimmung)?

- dürfen Kinder mit anderen treffen (Mitbestimmung)?

- behalten sich die Fachkräfte als eigene vor?

Die Klärung dieser Fragen, insbesondere die der Selbstbestimmungsrechte, ist i.d.R. mit einer intensiven Diskussion im Fachkräfteteam verbunden. Dürfen Kinder alleine entscheiden, was, wie viel und wann sie essen? Werden sie dann nicht zu viel oder zu wenig oder zu einseitig essen? Dürfen die Kinder alleine entscheiden, ob sie eine Jacke anziehen, wenn sie nach draußen gehen? Haben sie denn schon ein Gefühl für „die richtige" Kleidung oder werden sie sich nicht schnell erkälten? Auch die Mitentscheidungsrechte werden intensiv diskutiert. Auf ein Mitentscheidungsrecht der Kinder bei der Wahl der Projektthemen oder des Mottos für das nächste Sommerfest können sich die Fachkräfte häufig relativ schnell einigen. Aber sollen Kinder auch bei Personalfragen oder bei den Finanzen mitentscheiden? Je konkreter die Rechte der Kinder formuliert werden, desto klarer wird den Fachkräften, was damit verbunden ist.

In diesen Klärungsprozessen werden die unterschiedlichen pädagogischen Grundpositionen der einzelnen Fachkräfte basierend auf ihren Werten und Normen aber auch biographischen Erfahrungen deutlich. Damit die Kinder im Alltag die hier beschlossenen Rechte dann auch wirklich erhalten, müssen alle Fachkräfte hinter diesen Rechten stehen. Daher wird nur das in die Verfassung aufgenommen, was alle Fachkräfte im Konsens beschließen. Gerade diese Einigungsprozesse haben für die Teams eine große Bedeutung – findet hier doch oftmals eine Klärung von Grundpositionen statt, die im Alltag häufig nicht möglich ist.

Diese Rechte der Kinder werden dann in konkreten Artikeln für die Verfassung festgehalten. Der folgende Artikel, der in vielen Verfassungen vorkommt, beschäftigt sich mit Selbst- und Mitbestimmungsrechten zum Thema Mahlzeiten:

Beispiel: Artikel 11 Mahlzeiten

- Die Kinder sollen selbst entscheiden, ob, was und wie viel sie essen, solange für alle genug da ist.

- Die Kinder sollen mitentscheiden über die Gestaltung der Mahlzeiten.

- Die pädagogischen Fachkräfte behalten sich das Recht vor, zu bestimmen, wo gegessen werden darf.

Schritt 2: Wie werden die Gremien und Prozesse der Beteiligung gestaltet? Um ihre Rechte realisieren zu können, brauchen Kinder verlässliche Gremien und Verfahren, die ihnen bekannt sind und derer sie sich selbsttätig bedienen können. Die meisten Kindertageseinrichtungen führen an dieser Stelle Beteiligungsgremien sowohl auf der Ebene der Gruppe als auch auf Einrichtungsebene ein. In Gruppenkonferenzen (einige Einrichtungen haben Halbgruppenkonferenzen eingeführt) diskutieren und entscheiden Kinder Angelegenheiten in der Gruppe. In Kinderparlamenten (dieses Gremium kann auch anders benannt werden, z.B. Hoher Rat) werden Angelegenheiten beraten und entschieden, die die ganze Einrichtung betreffen. In diesem Gremium sind gewählte oder ernannte Kinder und Fachkräfte vertreten.

Wie können Kindertageseinrichtungen in der Einführung von Beteiligungsrechten unterstützt werden?

Partizipation hat in sozialpädagogischen Einrichtungen durchaus eine lange Tradition, z.B. in der Reformpädagogik (siehe Ansätze bei Korczak, Dewey, Neill) aber auch im Leitkonzept der Jugendhilfe, dem Lebensweltorientierten Ansatz (vgl. Thiersch 1992, BMJFF 1990). Und doch beschränken sich viele Kindertageseinrichtungen nach wie vor auf eine paternalistische Beteiligungsorientierung, die sich darin ausdrückt, dass Kinder zwar angehört und ihre Interessen punktuell berücksichtigt werden, Beteiligungsrechte der Kinder aber nicht strukturell festgeschrieben sind. Da die Auseinandersetzung mit Beteiligungsrechten der Kinder immer wieder pädagogische Grundüberzeugungen der Fachkräfte berührt, empfiehlt sich eine Begleitung der Kita-Teams in der Einführung von Partizipation.

Dabei stellt sich vor allem auch die Frage: Wie kann Haltung beeinflusst werden? Wie lehrt man eine spezifische, hier partizipative Haltung? Die Erfahrungen der Fortbildungen nach dem Konzept „Die Kinderstube der Demokratie" zeigen, dass sich Haltung vor allem dann ändert, wenn die Fachkräfte als Team konkrete Fragen in ihrem Alltag reflektieren und neue Vorgehensweisen erproben. Eine partizipationsbefördernde Haltungsänderung wurde insbesondere durch die Reflexion der Machtverhältnisse im Alltag der Kindertageseinrichtung angestoßen. Insbesondere im Prozess der Einigung auf konkrete Beteiligungsrechte der Kinder entsteht eine Auseinandersetzung mit der eigenen Haltung, in denen das Kinderbild jeder Fachkraft eine wichtige Rolle spielt. In den Erfahrungen, die die Fachkräfte (auch als Team) dann mit der Einführung von Beteiligung machen, konkretisiert sich ihre Erfahrung mit Demokratie in der Kindertageseinrichtung weiter. Beteiligung müssen nicht nur die Kinder lernen, sondern auch die pädagogischen Fachkräfte. Partizipation der Kinder braucht Partizipation und Aneignungsräume auch für die Fachkräfte. Daher sind die Fortbildungen nach dem Konzept „Die Kinderstube der Demokratie" selbst durch eine hohe Partizipationsorientierung gegenüber den Teams gekennzeichnet. In den Fortbildungen wird Partizipation eingeführt und ein Partizipationsprojekt bzw. eine Verfassung vorbereitet. Wie weit das Kita-Team den Kindern dann Beteiligungsrechte zugesteht, entscheiden die Fachkräfte selbst. Nur durch die Erfahrung der eigenen Beteiligung können sich die Teams darauf einlassen, die Kinder zu beteiligen. Erfahrungsgemäß erweitern die Fachkräfte die Beteiligungsrechte der Kinder mit zunehmender eigener Sicherheit und positiven Erfahrungen mit Partizipation.

Ein Einblick in Demokratiebildungsprozesse von Kindern in Kindertageseinrichtungen

Wie sich Kinder durch das Erfahren von Partizipation im Alltag der Kindertageseinrichtung auch Grundprinzipien von Demokratie aneignen, wird in der folgenden Beschreibung eines Filmausschnittes deutlich[4]:

---

4 *Die DVD von Lorenz Müller & Thomas Plöger zeigt, wie Partizipation in Kindertageseinrichtungen gelingt. Die beiden Filmemacher haben vier Kindertageseinrichtungen, die nach dem Konzept „Die Kinderstube der Demokratie" arbeiten zwei Jahre lang begleitet (vgl. Müller & Plöger 2008).*

Prof. Dr. Raingard Knauer

In der Kindertageseinrichtung in Neumünster, die Kinder aus unterschiedlichen Nationen besuchen, ist Partizipation strukturell verankert. Entscheidungen, die die ganze Einrichtung betreffen, werden durch den „Hohen Rat" – so heißt hier das Kinderparlament – getroffen. Die Umgestaltung des Spielplatzes wird durch alle Kinder der Einrichtung im Rahmen einer Zukunftswerkstatt geplant. In der ersten Phase gehen die Kinder in ihren Gruppen auf das Außengelände und erzählen den pädagogischen Fachkräften, was sie auf dem Spielplatz gut und was sie doof finden. Als ein Kind fordert: „Die Mülleimer sollen weg!", fordern andere Kinder, „Die Mülleimer sollen bleiben!". Die Fachkräfte schreiben dies auf Moderationskarten, die sie anschließend im Gruppenraum auf zwei Pinnwände hängen. Dabei fällt einem ca. fünfjährigen Mädchen auf, dass die Mülleimer sowohl unter der Rubrik „soll bleiben" als auch unter „soll weg" hängen. Nachdenklich sagt es: „Wenn der eine sagt, das soll so sein und der andere sagt, das soll nicht so sein – was sollen wir denn da machen? Sollen wir einfach beides machen?" Dieses Mädchen hat das Prinzip von Demokratie für sich erkannt. In einer demokratischen Gemeinschaft gibt es unterschiedliche Interessen der Subjekte, für die es gemeinsam Lösungen zu finden gilt. Das Mädchen formuliert aber auch, dass es diese Herausforderung als schwierig empfindet. Etwas später seufzt es: „Das ist so schwer!".

Das Aushandeln von Interessen, um zu gemeinsam akzeptierten Lösungen zu kommen, ist eine Herausforderung, bei der die Kinder Begleitung benötigen. Daher braucht Demokratiebildung in Kindertageseinrichtungen pädagogische Fachkräfte, die Partizipation wollen und auch didaktisch-methodisch gestalten können.

Literatur

Arendt, Hannah 2008 (1951): Elemente und Ursprünge totaler Herrschaft. Antisemitismus, Imperialismus, totale Herrschaft. München: Piper Verlag.

Bundesministerium für Familie, Senioren, Frauen und Jugend 2010: Qualitätsstandards für Beteiligung von Kindern und Jugendlichen. Allgemeine Qualitätsstandards und Empfehlungen für die Praxisfelder Kindertageseinrichtungen, Schule, Kommune, Kinder- und Jugendarbeit und Erzieherische Hilfen. Berlin: BMFSFJ.

Bundesminister für Jugend, Familie, Frauen und Gesundheit 1990: Achter Jugendbericht. Bericht über Bestrebungen und Leistungen der Jugendhilfe. Bonn: BMJFF.

Hansen, Rüdiger 2005: Die verfassungsgebende Versammlung in der Kindertageseinrichtung. In: KiTa spezial 4, Köln: Carl Link Verlag, 15-18.

Hansen, Rüdiger; Knauer, Raingard; Friedrich, Bianca 2004: Die Kinderstube der Demokratie. Partizipation in Kindertageseinrichtungen. Kiel: Ministerium für Justiz, Frauen, Jugend und Familie des Landes Schleswig-Holstein.

Hansen, Rüdiger; Knauer, Raingard; Sturzenhecker, Benedikt (i.E.) 2011: Partizipation in Kindertageseinrichtungen. So gelingt Demokratiebildung mit Kindern!

Knauer, Raingard; Hansen, Rüdiger 2008: Erfolgreich starten. Leitlinien zum Bildungsauftrag in Kindertageseinrichtungen. 2. vollständig überarbeitete Auflage, Kiel: Ministerium für Bildung und Kultur des Landes Schleswig-Holstein.

Knauer, Raingard; Sturzenhecker, Benedikt; Hansen, Rüdiger 2011: Mitentscheiden und Mithandeln in der Kita. Gesellschaftliches Engagement von Kindern fördern. Gütersloh: Bertelsmann Stiftung.

Korczak, Janusz 1979: Wie man ein Kind lieben soll. Göttingen: Vandenhoeck & Ruprecht.

Kupffer, Heinrich 1980: Erziehung – Angriff auf die Freiheit. Essays gegen Pädagogik, die den Lebensweg des Menschen mit Hinweisschildern umstellt. Weinheim, Basel: Verlagsgruppe Beltz.

Müller, Lorenz; Plöger, Thomas 2008: Die Kinderstube der Demokratie. Wie Partizipation in Kindertageseinrichtungen gelingt. DVD 32 Minuten, Kiel: Institut für Partizipation und Bildung e.V. (zu beziehen über das Deutsche Kinderhilfswerk Berlin).

Negt, Oskar 2010: Der politische Mensch. Demokratie als Lebensform. Göttingen: Steidl Verlag.

Schäfer, Gerd (Hrsg.) 2003: Bildung beginnt mit der Geburt. Förderung von Bildungsprozessen in den ersten sechs Lebensjahren. Berlin: Cornelsen Verlag.

Sturzenhecker, Benedikt; Knauer, Raingard; Richter, Lisa; Rehmann, Yvonne 2010: Partizipation in der Kita. Evaluation demokratischer Praxis mit Vorschulkindern. Abschlussbericht, Hamburg: Universität Hamburg.

Thiersch, Hans 1992: Lebensweltorientierte Soziale Arbeit. Weinheim, München: Juventa Verlag.

von Hentig, Hartmut 1999: Bildung. München: Carl Hanser.

Homepage des Instituts für Partizipation und Bildung e.V. mit vielen weiteren Informationen zu Partizipation von Kindern in Kindertageseinrichtungen: www.partizipation-und-bildung.de

Meine Notizen und Ideen zum Thema:

Kinder und Jugendliche brauchen Aufgaben, an denen sie wachsen können!

Margret Rasfeld, Evangelische Gemeinschaftsschule Berlin Zentrum

It takes a whole village to educate a child.

Citizenship Education (Bildung für die Zivilgesellschaft) ist seit einem Jahrzehnt Gegenstand der bildungspolitischen Diskussion in Europa. Autonom handeln und erfolgreich in heterogenen Gruppen agieren können sind zwei der drei zentralen Kompetenzen, die von der OECD zu Leitzielen ihrer Bildungsstrategie erklärt wurden. Dabei spielt die Fähigkeit zu demokratischer Teilhabe, Mitwirkung, Partizipation eine zentrale Rolle.

Wir befinden uns im Paradigmenwechsel von der Ressourcennutzungsgesellschaft hin zur Potenzialentfaltungskultur. Die neueren Befunde der Hirnforschung zeigen klar auf, dass Lernen ein aktiver Prozess der Entfaltung individueller Potenziale ist, dass Kinder dazu sinnvolle Aufgaben brauchen, die sie eigenverantwortlich gestalten und an denen sie wachsen können und dass eine wertschätzende Beziehungskultur innerhalb der sozialen Gemeinschaft sowie eine positive emotionale Einbindung in ein übergeordnetes gemeinsames Wertesystem weitere Gelingensbedingungen für erfolgreiches Lernen sind. Bei solchen Lernprozessen erfahren Kinder prägende Selbstwirksamkeitserfahrungen, die psychologisch und neurophysiologisch Motivation und Gestaltungsmut freisetzen für ‚davon mehr‘. Die erworbenen Metakompetenzen werden verankert im präfrontalen Kortex, der Ebene der komplexesten Leistungen, zu dem unser Gehirn fähig ist, der Ebene der Haltungen und Einstellungen.

Bürgerschaftliches Engagement wird damit zu einer zentralen Herausforderung für zukunftsfähige Bildungseinrichtungen. Pädagogik hat dabei die Aufgabe, den Vorrang kognitiver Bildung abzubauen und die Prioritäten neu zu definieren: Vertrauen in die (Selbst)

kompetenz von Kindern, Öffnen von Räumen der Selbstwirksamkeit für Kinder und Jugendliche hinein in den kommunalen Raum, nachhaltige Verankerung von Gelegenheitsstrukturen für Engagement in schulinternen Curricula. In der Zivilgesellschaft geht es darum, den kommunalen Raum als Raum der Verantwortung für Heranwachsende zu öffnen und damit eine Identifikation mit dem Umfeld, in dem Kinder aufwachsen, zu ermöglichen. In Politik und Verwaltung geht es in diesem Prozess des Kulturwandels darum, durch Kooperationsstrukturen von einer segmentierten Hoheitsverwaltung zu einer Ermöglichungskultur zu kommen. Um Kinder optimal zu erziehen, braucht man ein ganzes Dorf.

An der Evangelischen Schule Berlin Zentrum (esbz) ist zivilgesellschaftliches Handeln zentrales Element der Schul- und Lernkultur. Die Umsetzung – der Geist der Schule – basiert auf drei Leitbildern:

Verantwortung für das eigene Lernen

An der esbz gestalten die SchülerInnen in Lernbüros, Projekten und Werkstätten ihre Lernprozesse weitgehend selbst. Jahrgangsmischung 7-9 ist durchgängiges Prinzip. Bei uns heißt es nicht mehr Unterricht, sondern wir sprechen von Lernen. Wir sehen in den jungen Menschen nicht SchülerInnen im tradierten Sinne, sondern engagierte junge Menschen mit Entdeckungsfreude und Gestaltungsmut, die Potenziale mitbringen und weit mehr können, als Erwachsene ihnen oft zumuten.

Kultur der Ermutigung und Wertschätzung

Wir leben eine wertschätzende Beziehungskultur. Alle Kinder sind willkommen und lernen gemeinsam. JedeR zählt! JedeR ist einzigartig! ist Grundsatz unserer Pädagogik. Wir setzen an den Stärken und Potenzialen der Kinder, Eltern, MitarbeiterInnen und Partner an und schaffen immer wieder Gelegenheiten, die jeweiligen Potenziale sinnvoll in Kontexte einzubringen. Ein Markenzeichen unserer Schule ist die öffentliche Lob- und Anerkennungs-Kultur z.B. auf den wöchentlichen Schulversammlungen. Die MUTkarte ist unsere Visitenkarte.

AGENDA-Schule

Grundlage für die Entwicklung der Lern- und Schulkultur an der esbz ist das Leitbild der nachhaltigen Entwicklung der AGENDA 21, das ein Ethos von Gerechtigkeit sowie des verantwortungsvollen Umgang mit der Natur zum Kern schulischer Bildung erhebt und dabei Wertebewusstsein und verantwortungsvolles Handeln zusammengehörig denkt.

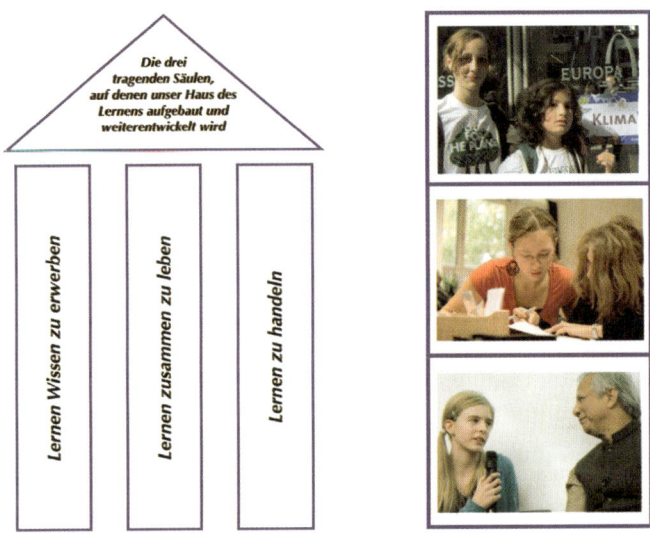

Die drei tragenden Säulen, auf denen unser Haus des Lernens aufgebaut und weiterentwickelt wird

Lernen Wissen zu erwerben

Lernen zusammen zu leben

Lernen zu handeln

Die Lebenswirklichkeit ist prägender Lehrstoff

Für das Heranwachsen und das Hineinwachsen in die Demokratie als Lebensform ist es eine grundlegende Erfahrung, dass man gebraucht und als eine Person anerkannt wird, die verantwortungsfähig und verantwortungsbereit ist. In der Lebenswirklichkeit wird Eigenwirksamkeit gefördert oder verhindert, wird Verantwortung übernommen oder Indifferenz gelernt. An Herausforderungen in der Lebenswirklichkeit bilden sich Visions-Mut und Herzens-Kraft. Die esbz unterstützt die Öffnung der Schule in die Lebenswirklichkeit, indem sie mit Entschiedenheit

- vielfältige Kooperationen mit kommunalen Partnern eingeht,

- in jedem Jahrgang Gelegenheitsstrukturen für Verantwortungsübernahme und Herausforderungen im Stundenplan strukturell verankert

- Lernen durch Engagement fördert

- Peer-Lernen initiiert.

Im *Projekt Verantwortung* übernehmen alle Jugendlichen für zwei Jahre eine verantwortliche Aufgabe im Gemeinwesen. Verantwortung übernehmen und zivilgesellschaftliches Engagement sind damit zentrales Element der Lernkultur und wichtiges Element der Lernbiografie ALLER bei hohen Freiheitsgraden in der Wahl der Aufgaben. Verantwortung lernen ist als „Unterricht im Leben" Schulfach und wird intensiv vor- und nachbereitet. Die Jugendlichen suchen sich ihre Aufgaben selbst. Zu Beginn des Schuljahres veranstalten wir eine Börse, bei der sich sowohl ältere Mitschüler als auch außerschulische Partner mit Aufgabenfeldern vorstellen. Die LehrerInnen besuchen die Kids in ihren Projekten, reflektieren regelmäßig die persönlichen Erfahrungen und coachen den Entwicklungsprozess. Am Ende jeden Jahres feiern wir ein Verantwortungsfest mit allen Jugendlichen, ihren Eltern und den Partnern, bei dem besondere Projekte vorgestellt und besonderes Engagement öffentlich gewürdigt wird. Alle bekommen ein Zertifikat für ihr Engagement. Für das Projekt Verantwortung haben zwei Eltern die Gesamtkoordination übernommen.

Projekt Herausforderung

Wir pflegen eine Lernform, die heißt HERAUSFORDERUNGEN. In den Jahrgängen 8, 9 und 10 bekommen alle SchülerInnen jeweils drei Wochen Schulzeit, um eine Herausforderung außerhalb Berlins zu meistern. Drei Wochen nehmen sich die SchülerInnen individuell oder in kleinen Gruppen etwas vor, woran sie ihre Entwicklungspotenziale bis hin zu ihren Grenzen testen wollen. Sie steuern und organisieren ihre Herausforderung selbst. Viele gehen in dem Zusammenhang auf Reisen, mit dem Rad, zu Fuß oder auf dem Wasser.

Margret Rasfeld

Lernen durch Engagement/Peer-Education

SchülerInnen engagieren sich in vielfältigen Engagement- und Peer-Projekten in und außerhalb der Schule, so zum Beispiel

- im Rahmen von „Plant for the Planet" – Berliner SchülerInnen pflanzen 100.000 Bäume (www.berlin.plant-for-the-planet.org)

- als KlimabotschafterInnen in Schulen und auf Tagungen

- als Ausbilder für KlimabotschafterInnen, die ihrerseits dann aktiv werden (im letzten Schuljahr Ausbildung von 212 Grundschulkindern zu Klimabotschaftern)

- als LehrerfortbildnerInnen, Referenten und WorkshopleiterInnen auf Tagungen,

- als LeiterInnen von Werkstätten in der esbz.

Unsere Mottos

Anlachen statt Auslachen   *Mit dem Herzen sehen, mutig sein.*   *Taten statt Worte.*

Wenn junge Menschen sich als gestaltende wirksame Akteure im Gemeinwesen erleben, machen sie nachhaltige demokratische Grunderfahrungen und Erfahrungen von Selbstwirksamkeit. Die folgenden Erfahrungsberichte und O-Töne von SchülerInnen der esbz und LehrerInnen, die von Schülern der esbz fortgebildet wurden, illustrieren dies eindrücklich.

Demokratie und Verantwortung lernen und leben ist als Kernauftrag von Schule in den Schulgesetzen aller Bundesländer verankert. Haben wir den Mut, diesen unseren Kernauftrag einzulösen!

Klimabotschafter – Wie wir uns einsetzen und wirken

Ein Bericht von Mia, Stella, Karoline und Szesima

„Plant for the Planet" ist eine Organisation, in der Kinder und Jugendliche sich in die Klimadebatte einmischen und Bäume pflanzen. 2007 kam der 9-jährige Felix durch ein Klassenreferat spontan auf die Idee, dass Kids in jedem Land der Welt eine Million Bäume pflanzen. Daraus entstand „Plant for the planet". Wir haben Felix in unsere Schule eingeladen und waren begeistert. 2008 hatten wir einen Termin beim Umweltbundesamt und gaben das Versprechen, 100 000 Bäume zu pflanzen. Und los ging es. Wir sind in U-Bahnen, auf großen Plätzen und Einkaufsstraßen sammeln gegangen – oft in den Mittagspausen. Wir verkaufen MUTkarten (1 € = 1 Baum), haben ein Plakat sowie Postkarten entworfen und drucken lassen. Wir waren auf vielen Veranstaltungen wie dem Berliner Staudenmarkt, Weihnachtsmärkten in Berlin und Hamburg, mit Buttons, Flyern, Lesezeichen, die Kindergartenkinder gebastelt haben, MUTkarten, Glücksrad und T-Shirts präsent. Wir sind nicht naiv und glauben, dass wir allein mit Bäume pflanzen die Welt retten können. Nein, wir mischen uns auch ein und demonstrieren, halten Vorträge auf Veranstaltungen wie beim Geflügelzüchterverband und auf Tagungen.

Wir haben mit Forderungen der Kinder für den Klimagipfel 80 Botschaften in Berlin besucht und mit vielen Botschaftern persönlich gesprochen. Wir veranstalten Klimaakademien und bilden Kinder zu Botschaftern für Klimagerechtigkeit aus. Das Besondere an den Klimaakademien ist, dass Schüler Schüler ausbilden, wir nehmen 60-80 Kinder in einen Ausbildungstag. Der einzige Erwachsene, der an dem Tag beteiligt ist, ist ein Förster. Zum Schluss, wenn die Kids ihre Ergebnisse aus dem world cafe präsentieren, ihren ersten Vortrag halten und dann von uns eine tolle Urkunde bekommen, die sie als Klimabotschafter ausweist, strahlen sie. Als Klimabotschafter setzen sie sich mindestens einmal im Monat aktiv mit einer Aktion für das Klima ein.

Margret Rasfeld

Schüler der esbz sammeln Spenden für Plant for the Planet

Es gibt Kids, die haben schon ihre ganze Grundschule und den Stadtteil aufgemischt, z.B. die Cafebesitzer am Prenzelberg mit ihren Heizstrahler Klimakillern. Wir haben in einem Jahr 220 Kids zu Klimabotschaftern ausgebildet und die nächste Klimaakademie ist schon ausgebucht.

Wir sind öfter auch außerhalb von Berlin unterwegs. So haben Martha und Max im September 2009 die UN-Klimawoche in Hamburg eröffnet, Ben und Tara waren in Kaliningrad als Referenten auf einer Tagung, Karoline hat mit Klara in der Evangelischen Akademie Arnoldsheim neulich einen Workshop zu Partizipation und Klima geleitet. Und wenn unsere Schüler Lehrerfortbildungen in Berlin und anderswo machen, ist „Plant for the planet" auch immer im Koffer.

Schüler der esbz mit dem Regierenden Bürgermeister von Berlin

Karoline, Szesima und Max haben an einem Buch mitgewirkt und sind Mitglieder des Kinderrates der Stiftung „Plant for the planet"-Foundation. Der Kinderrat besteht aus 22 Kindern, die sich zweimal im Jahr treffen. Beim nächsten treffen im März weihen wir unser Büro in der Nähe von München ein. Wir sind dabei, weil wir anfangen wollen. Wenn wir es nicht tun, wer dann?! Es ist toll zu erleben, was wir alles ohne Erwachsene schaffen. Wir wollen nicht zusehen, wir wollen handeln! Es geht um unsere Zukunft! STOP talking, start planting!

Margret Rasfeld

Klimabotschafter in Aktion

O-Töne von Jugendlichen zum Projekt Verantwortung

Ich würde gerne das Verantwortungsprojekt weiter machen, weil ich es schön finde, etwas mit Menschen zusammen zu machen und mir wurde durch das Projekt gezeigt, dass meine Arbeit etwas wert ist.

Meine Einstellung gegenüber alten Menschen hat sich durch die regelmäßige Arbeit dort verändert, denn früher habe ich mich über alte Leute beschwert, die z.B. langsam in den Bus einstiegen oder langsam eine Treppe hinuntergingen und ich sie nicht überholen konnte. Jetzt weiß ich, dass die alten Menschen dafür nichts können und statt zu meckern, biete ich ihnen gerne meine Hilfe an. Heute habe ich Hochachtung gegenüber alten Menschen.

Mit manchen Sachen habe ich nicht gerechnet, z.B. dass Kinder immer ihren Willen haben wollen und wenn sie ihn nicht bekommen, losweinen und einen riesigen Aufstand machen. Doch auch damit bin ich klargekommen. Als Babysitterin muss ich respektieren, dass Kinder andere Interessen haben als ich. Ich habe erfahren: Kleine Kinder haben auch schon einen eigenen Willen. Damit meine ich, dass ich viele Kompromisse eingehen musste, um das zu respektieren und trotzdem nicht immer nachzugeben.

Was mich erstaunt hat, dass behinderte Menschen so vieles können, so wie nicht behinderte Menschen.

Was mir ein gutes Gefühl verleiht, ist, dass die Kleinen, wenn ich komme, angerannt kommen und mich umarmen, und dabei haben sie ein strahlendes Gesicht. Ich möchte gerne den Kindern Mut geben, es zu schaffen, dass sie an sich selbst glauben und nicht an sich selbst zweifeln. Das möchte ich noch hinbekommen.

Ich habe gelernt, besser zuzuhören und zu erklären und Organisationsfähigkeit entwickelt.

Ich habe nicht damit gerechnet, dass ich so viel über das Kommunizieren mit fremden Personen lerne.

Ich finde, jede Schule sollte sich dem Projekt VERANTWORTUNG widmen und es zum Aufgabenbereich machen. Man bekommt das Gefühl des Erwachsenwerdens. Ich bin froh, an diesem Projekt teilnehmen zu dürfen.

Durch das regelmäßige Arbeiten merke ich, dass es auch schön sein kann, Verantwortung zu übernehmen.

Ich bin verantwortungsvoller und selbstbewusster geworden.

Wenn ich sehe, wie die Leute sich freuen, wenn ich komme, das haben sie nicht alle Tage. Die Leute sind so dankbar, dass kann ich gar nicht beschreiben. Für die alten Leute würde was fehlen, wenn ich nicht komme. Das ist für sie schon wie eine schöne Gewohnheit. Die haben sich an mich gewöhnt. Die warten auf mich. Die sagen, morgen, da kommt wieder der Junge. Und für die Betreuer bin ich eine große Hilfe.

Die Kinder vertrauen einem. Und wenn dann jemand Mist baut, jemanden anderen beleidigt oder einen haut, dann muss ich dann auch was sagen dazu. Da ist ganz anders als in der Schule. Da macht alles

Margret Rasfeld

der Lehrer und jetzt muss ich selber wissen, was ich tue, da muss ich auch mal entscheiden. Das ist eine andere Position.

Wir lernen etwas sehr Wichtiges für unser Leben. Wir lernen mit Leuten umzugehen. Wenn Menschen eine Behinderung haben, dann merkt man, die sind eigentlich so wie normale Menschen, nur dass sie etwas mehr Hilfe brauchen und dass sie sehr nett sind und dass es Freude macht zu helfen und zu spüren, dass sich der andere auch freut, wenn wir kommen.

Rückmeldungen an die SchülerInnen nach Lehrerfortbildungen, bei denen sie Workshops gestaltet haben

Ihr habt lebhaft, anschaulich und überzeugend Aspekte eures Lernens erläutert. Mich hat total überzeugt, wie sicher ihr aufgetreten seid und wie sachkompetent ihr auf alle Nachfragen reagieren konntet. Vielen, vielen Dank. Das hat mich inspiriert!

Liebe Lehrerfortbilder der esbz, ich bin Lehrerin und habe am Montag an der Fortbildung bei euch teilgenommen. Ihr habt das großartig gemacht. Wie selbstbewusst und stolz über euren Mut ihr für all unsere Fragen da wart, humorvoll und sehr kreativ im Rollenspiel und auch am Ende im Lernbüro, wie geduldig und offen ihr uns Eure Prozesse und Euer Schulleben miteinander dargebracht habt – ich war sehr beeindruckt und berührt. Es ist mir nicht leicht gefallen, danach zu gehen, ich hätte am liebsten immer weiter zugehört und von eurem Wachsen, Lernen, Verantworten, Mut, ... mitgenommen. Mit euch sehe ich echt junge Menschen voll positiver Energie und Tatendrang in eine Welt gehen, die auf solche Menschen grundlegend angewiesen ist. Macht weiter so, alles Gute und viel Kraft für euch.

Tolle, selbstbewusste Kinder, die zu ihrer Schule stehen, die aber auch Dinge anprangern, wenn sie nicht zufrieden sind – und alle schätzen es, die Möglichkeit zu haben, hier leben, lernen, handeln, wachsen zu dürfen. Hier sind Menschen, die von Menschen als Menschen gesehen werden. Es hat mich echt glücklich gemacht, voller Tatendrang, das erleben zu dürfen.

Ronja und Ben waren spitze. Ronja konnte den Stick nicht finden und ganz ohne Powerpoint haben die zwei sehr souverän erzählt und Fragen beantwortet. Die Kolleginnen und Kollegen waren beeindruckt. Einzelne Sonderpädagoginnen, die gerne nur sehen, was Kinder und Jugendliche alles nicht können, sind nachdenklich nach Hause gegangen. Die Frage, wie lernschwächere Schüler an der Schule zurechtkommen, haben sie großartig beantwortet und klargestellt, dass ihr als nicht staatliche Schule keine zusätzlichen Lehrerstunden für Kinder mit festgestelltem Förderderbedarf bekommt. Das war mir eine besondere Freude, gibt es doch einzelne, die im ständigen Klagen über immer geringer werdende Ressourcen feststecken und deshalb erst gar nicht anfangen, irgendetwas anders oder besser zu machen... In diesem Sinne war es eine rundum gute Veranstaltung. Für eure spontane Unterstützung nochmals vielen Dank, es hat sich gelohnt!

Ich möchte mich noch einmal auch im Namen der slowakischen Partner für den sehr bereichernden Schulbesuch bei Ihnen bedanken. Dieser hat den Teilnehmern vor allem gezeigt, dass Partizipation nicht einfach nur eine Methode ist, sondern eine Einstellung, die mit Rollenänderung, Verantwortungsübergabe und Vertrauen zu tun hat. Ich bin sehr froh, dass wir dies in Ihrer Schule erleben durften, denn oftmals kann man so etwas gar nicht über eine theoretische Auseinandersetzung verdeutlichen.

... Ich finde es immer wieder sehr aufmunternd, wie Sie es schaffen, Wertschätzung und Anerkennung an Ihrer Schule zu leben. Besonders berührt hat mich, wie die Schüler, die das Lernbüro erklärt haben, über die Schule gesprochen haben. Und auch wie sie in dieser schwierigen Phase ihres Lebens über ihre Eltern sprechen. Ein Schüler sagte: „Es fällt meinen Eltern schwer, das hier zu verstehen, aber meine Eltern schaffen es jetzt, mir zu vertrauen." Das ist schon was! Und was mich auch besonders freut, ist das entspannte Verhältnis zwischen Lehrern und Eltern. Die Eltern fühlen sich immer willkommen. Das erlebe ich wirklich selten an Schulen, eine Kultur des Vertrauens so zu etablieren.

Margret Rasfeld

Meine Notizen und Ideen zum Thema:

_____

_____

_____

_____

_____

_____

_____

_____

_____

_____

_____

_____

_____

_____

_____

_____

_____

_____

Demokratie leben lernen am Beispiel der Deutsch-Amerikanischen Demokratie-programme „Hands for Kids" und „Hands across the campus"

Michael Rump-Räuber
Landesinstitut für Schule und Medien Berlin-Brandenburg

Unterricht geht auch anders: SchülerInnen des Luise Henriette Gymnasiums in der Brandenburger Stadt Oranienburg treffen regelmäßig BewohnerInnen eines nahe gelegenen Seniorenclubs. Die SchülerInnen vermitteln den älteren MitbürgerInnen Kenntnisse im Bereich der Computernutzung. Sie nutzen die Lebenserfahrungen der Senioren, um sich mit der Geschichte ihrer Stadt auseinanderzusetzen und helfen bei der Bewältigung des Alltags.

Ein anderes Beispiel: SchülerInnen einer neunten Klasse der Walther-Rathenau-Schule in Berlin-Charlottenburg beschäftigten sich im Rahmen eines Projekts mit dem Krieg in Darfur. In Eigeninitiative haben die SchülerInnen Postkarten hergestellt und in der Schule und in Einkaufszentren Unterschriften gesammelt, die dem Bundeskanzleramt übergeben wurden.

Ein drittes Beispiel: An der Kurt-Tucholsky-Oberschule in Berlin-Pankow lernen SchülerInnen im Rahmen eines Seminarkurses „Demokratie lernen und leben" die Grundlagen für eine Zukunftswerkstatt, Methoden der Arbeits- und Zeitplanung sowie den Aufbau von Klassenräten kennen.

Gemeinsam ist allen drei Schulen die Teilnahme an dem Programm „Hands across the campus". Es handelt sich dabei um ein transatlantisches Projekt auf der Basis von Erfahrungen in den USA und Israel.

Das deutsch-amerikanische „Hands across the campus"-Programm ist seit dem Jahr 2003 ein Kooperationsprojekt des Landesinstituts für

Schule und Medien Berlin-Brandenburg sowie des American Jewish Committee zusammen mit weiteren Partnern und den Landesregierungen von Berlin und Brandenburg.

„Hands across the campus" als Programm für die Klassen sieben bis zwölf wurde in diesem Jahr durch das Grundschulprogramm „Hands for kids" für die Klassenstufen eins bis sechs ergänzt.

Die Vision einer „Hands Schule"

Mit dem Namen „Hands Schule" ist eine Vision verbunden: Hände gestalten, Hände sind individuell und einzigartig. Sie kooperieren und kommunizieren in einer Gemeinschaft, sie akzeptieren und respektieren sich. Hände lernen voneinander, sind verschieden und haben unterschiedliches Gewicht. Sie ruhen auf einem Fundament, das ihnen Kraft, Orientierung und Sicherheit gibt. Dieses Fundament sind die Grundwerte.

In einer „Hands Schule" basieren Unterrichts- und Schulentwicklung auf einem ausgehandelten Leitbild, das von den Grundwerten einer demokratischen Gesellschaft geprägt ist. Daraus leiten sich Werte und Normen für den täglichen Umgang und das gemeinsame Lernen in der Schule ab. Die Entscheidung für die bedeutsamen Werte und Normen ist nie abgeschlossen; sie wird kontinuierlich überprüft. Auf diesem Fundament entwickeln die SchülerInnen altersentsprechend ihre sozialen, demokratischen und moralischen Kompetenzen, lernen und leben Demokratie.

Damit ist das Ziel beschrieben. Die Entwicklungsschritte zur Verwirklichung dieses Ziels hängen von der individuellen Situation und den Möglichkeiten jeder Schule ab.

Einige Beispiele: Schule A versucht die Lern- und Leistungsmotivation der SchülerInnen zu erhöhen, indem der Unterricht partizipativ und individualisiert gestaltet wird. Hierzu bietet das Hands-Programm Fortbildungen im Bereich kooperativer Lernformen und selbstgesteuerter, individualisierter Lernstrategien an.

Schule B ist unzufrieden mit der bisherigen Arbeit ihrer Schüler-vertretung. Im Hands-Programm finden Schüler und Lehrkräfte Vorschläge zum Aufbau von Klassenräten und Schulparlamenten. Es werden Planungen für Kinderkonferenzen in Schulen und im Stadt-teil angeboten.

Schule C wiederum würde gerne die Elternarbeit verbessern. Hier werden im Hands-Programm auf der Basis der vorliegenden amerika-nischen Erfahrungen Vorschläge unterbreitet, um Eltern stärker am Unterrichtsgeschehen zu beteiligen.

Der Aufbau einer wertorientierten demokratischen Schule erfordert neben der Veränderung des Unterrichts, auch die Veränderung des Schullebens und der Schulorganisation.

Drei Brandenburger Schulen tragen den durch das Bildungsminis-terium verliehenen Titel „Hands Schule".

Was zeichnet eine „Hands Schule" aus?

Das Hands-Programm fördert die Entwicklung von Werten, den Er-werb sozialer, moralischer und demokratischer Kompetenzen sowie das Engagement im Unterricht, Schulleben und in der Gesellschaft. Diese Qualitätsansprüche verstehen sich als Ziele der Schulentwick-lung und als Orientierung für die Selbstevaluation.

Daraus ergeben sich Ansprüche an demokratische Schule in fünf Qualitätsbereichen:

• *Qualitätsbereich Lernen – Unterricht:* Kooperatives und selbst ge-steuertes Lernen prägen den Unterricht, in dem soziale, moralische und demokratische Kompetenzen gefördert werden. Der Unterricht bietet den SchülerInnen Raum für eigenes Handeln und Initiativen zu ihrer Weiterentwicklung.

• *Qualitätsbereich Schulkultur:* Demokratische Werte, Respekt und Vertrauen im Umgang werden miteinander gelebt. Die Schüler-Innen übernehmen Verantwortung für sich, für ihre Klasse und ihre Schule. Sie haben Raum, um eigene Initiativen zu entwickeln und die Schule mitzugestalten. Die Schule hat Formen unmittelbarer Beteiligung von SchülerInnen sowie der Eltern entwickelt. Sie kooperiert mit außerschulischen Partnern, um in Schule, Gemeinde und Gesellschaft eine demokratische Beteiligungskultur zu realisieren.

- *Qualitätsbereich Führung und Schulmanagement:* Die Schulleiterin oder der Schulleiter sichern die Beteiligung von Eltern, Pädagogen sowie Schülern an der Schulentwicklung. Sie arbeiten verantwortlich nach dem Delegationsprinzip. Sie fördern eine offene Kommunikation sowie eine konstruktive und faire Bearbeitung von Konflikten auf allen Ebenen der Schule. Sie stellen die organisatorischen Voraussetzungen für Institutionen wie Klassenrat, Feedback etc. her und initiieren den Diskurs zur Weiterentwicklung von Beteiligungsstrukturen. Mit einer flexiblen Unterrichtsorganisation schaffen sie eine Voraussetzung für die Förderung der Interessen und Begabungen aller SchülerInnen.

- *Professionalität der Lehrkräfte:* Personalentwicklung und Qualifizierung orientieren sich an den Schritten und damit verbundenen Aufgaben zur Entwicklung einer wertorientierten demokratischen Schule. Die Pädagogen und Pädagoginnen sind bereit, Verantwortung an die SchülerInnen abzugeben und unterstützen sie dabei, diese auch zu übernehmen. Die Lehrkräfte arbeiten in Teams, die in ihrem Aufgabenbereich weitreichende Entscheidungskompetenzen besitzen.

- *Ziele und Strategien der Qualitätsentwicklung:* Das Leitbild der Schule orientiert sich an gemeinsamen Werten und der Förderung sozialer, moralischer und demokratischer Kompetenzen. Es bildet den Maßstab für die konkreten Ziele und Maßnahmen im Schulprogramm. Die Schule evaluiert ihren Entwicklungsstand und einzelne Maßnahmen unter Beteiligung von Pädagogen, Schülern und Eltern. Erfolgskriterien werden immer auch nach dem Leitbild bestimmt.

Individuelle Förderung als Basis von Kompetenzentwicklung und Selbstwirksamkeit

Eine wirksame Förderung sozialer, moralischer und demokratischer Kompetenzen in der Schule sowie ein erfolgreicher Einsatz der Lernangebote der Hands-Programme sind darauf angewiesen, dass die Unterrichts- und Schulentwicklung auf die Individualisierung des Lernens hin ausgerichtet ist. Dies setzt die Erfüllung von fünf Aufgaben voraus, die im folgenden kurz erläutert werden:

- *Pädagogisch diagnostizieren:* SchülerInnen sowie die Pädagogin oder der Pädagoge erfassen den Entwicklungsstand des Einzelnen bezogen auf das Fachlernen und übergreifende Kompetenzen. Ziel des Diagnostizierens ist es, differenzierte Lernangebote zu planen und Möglichkeiten zu schaffen, die Interessen der SchülerInnen zu fördern. Pädagogen und Schüler können Portfolio, Kompetenzraster, Beobachtung, Interview, aber auch das Dialogische Lernen zur pädagogischen Diagnose nutzen.

- *Ziele und Interessen des Lernenden fördern:* Die SchülerInnen entwickeln für den Unterricht, für Angebote im Schulleben und für außerschulische Vorhaben Ziele. Damit werden die motivationale Basis der Lernprozesse und, falls die SchülerInnen ihre Ziele erreicht haben, ihre Selbstwirksamkeit gestärkt. Die SchülerInnen müssen lernen, Ziele und Schritte zur Zielerreichung zu entwickeln und den Stand der Zielerreichung auszuwerten. Dies ist ein Bestandteil des selbst gesteuerten Lernens. Mögliche Instrumente und Methoden sind u.a.: Lernplan, Logbuch, Kompetenzraster, Förderplan, Berufswahlpass.

- *Lernprozesse individualisieren:* Voraussetzung und Ziel sind, dass SchülerInnen individuell und kooperativ mit differenzierten Lernangeboten arbeiten können. Selbstgesteuertes Lernen, kooperatives Lernen und Differenzierung ermöglichen eine Individualisierung schulischer Lernprozesse. Sie werden im folgenden Abschnitt erläutert. Die lerntheoretische Begründung für die Individualisierung schulischer Lernprozesse bietet die konstruktivistische Lerntheorie. Gemeinsames Lernen steht nicht im Gegensatz zum individualisierten Lernen, weil Lernen immer in sozialen Beziehungen stattfindet.

Michael Rump-Räuber

- *Lernprozesse auswerten:* Die Auswertung der Lernprozesse und Ergebnisse – über die Leistungsbewertung hinaus – ist wirksam zur Weiterentwicklung des Lernens an den folgenden Aufgaben. Auswertung bedeutet, „Spion in eigener Sache zu sein" (Andreas Müller). Sie ist Teil des Lernprozesses, schließt einen Handlungsablauf ab und stellt den folgenden auf eine andere Basis. Mögliche Instrumente und Methoden sind u.a.: Selbsteinschätzungsbögen, Peer-Feedback, systematische Rückmeldungen zum Unterricht, Kompetenzraster, Lerntagebuch, Logbuch, Entwicklungsportfolio, Gespräche Lehrer-Eltern-Schüler.

- *Soziale Beziehungen gestalten/Lernklima entwickeln:* Die Förderung sozialer und demokratischer Kompetenzen prägt die sozialen Beziehungen und damit das Lernklima. Wie dies erfolgen kann, wurde weiter oben beschrieben.

Welche Unterrichtskonzepte, Methoden und Instrumente werden in den Lernangeboten der Hands-Programme verwendet?

Selbst gesteuertes Lernen gilt als Voraussetzung und Ziel der Entwicklung sozialer, ethisch-moralischer und demokratischer Kompetenzen. Lernen wird als selbstgesteuert bezeichnet, wenn der Lernende wesentliche Entscheidungen, ob, was wann und wie er lernt, selbst beeinflussen kann. Im selbst gesteuerten Lernen werden Lernstrategien gefördert, die bei jedem größeren Lernprozess angewendet werden. Man unterscheidet kognitive Lernstrategien und Stützstrategien, also Planungsstrategien, Strategien zur Überwachung des Lernprozesses sowie Strategien, um die eigene Motivation selbst regulieren zu können.

Alle Aufgaben sind nach Schwierigkeitsstufen unterschieden, für viele Aufgaben gibt es mehrere Realisierungsmöglichkeiten mit unterschiedlichen Anforderungsniveaus.

Individuelle Interessen für einzelne Themen werden geweckt und herausgefordert, indem im Einstieg die SchülerInnen meist ihre subjektive Perspektive auf das Thema entwickeln und formulieren. Darauf baut die weitere Arbeit auf. Es werden häufig unterschiedliche Teilthemen angeboten, die die SchülerInnen nach ihrem Interesse wählen können.

Für die Bearbeitung werden Grundaufgaben und Spezialaufgaben gestellt. Bei ersteren sollen die SchülerInnen ihre Klassenkameraden über die grundlegenden Sachverhalte ihres Themas informieren. Die Spezialaufgaben sind häufig „Du-kannst-Aufgaben", d.h. die Schüler-Innen können aus angebotenen Möglichkeiten eine Aufgabe frei wählen. Hier verbindet sich Interessen- und Leistungsdifferenzierung.

Von der Arbeit an subjektiven Konzepten, lebensweltlich tradierten Auffassungen, mitgebrachten Kernideen hängt der Erfolg der Auseinandersetzung mit vielen sozialwissenschaftlichen Themen ab. Das Dialogische Lernen bietet Wege an, dass die SchülerInnen ihre subjektiven Konzepte modifizieren, Neues integrieren und Einwände und Hinweise ihrer Kameraden aufnehmen können.

Die Arbeit mit dem eigenen Portfolio ist Bestandteil aller Lernangebote. Es bietet einen Anstoß zur Reflexion über das jeweilige Thema. Die SchülerInnen werden aufgefordert, ihre Materialien zum jeweiligen Thema erneut anzuschauen und diejenigen auszuwählen und in das Portfolio aufzunehmen, die ihnen persönlich am wichtigsten sind. Mit diesem Vorgehen soll der Reflexionsprozess angestoßen werden, der in die Frage mündet: Was habe ich gelernt? Haben sich meine Vorstellungen verändert? Ziel ist, dass die Schüler-Innen ihr Selbstkonzept weiter entwickeln. Wie sehen sie sich selbst? Welche Ziele und Lebensvorstellungen haben sie? Welche Werte sind ihnen wichtig? Wie sehen sie die „Welt" und ihre eigene Rolle darin? Halten sie sich für ohnmächtig oder sehen sie Möglichkeiten, Einfluss zu nehmen?

Das Feedback bildet die abschließende Sequenz eines Lernangebots. Gegenstand sind die individuellen Lernprozesse und die der Gruppe. Mit ihrer Auswertung sollen die Partizipation am Unterricht und seine Weiterentwicklung gefördert werden. Die Methodenwerkstatt enthält einfache und komplexe Methoden zur Auswertung.

Michael Rump-Räuber

In der Schule zusammenleben – sich in der globalen Welt orientieren

Die Lernangebote von „Hands across the campus" und „Hands for Kids" könnte man zusammen fassen unter der Überschrift „in der Schule zusammenleben – sich in der globalen Welt orientieren". Insgesamt bestehen beide Programme aus jeweils fünf Lernbausteinen. Sie beziehen sich alle auf wichtige Themen zur demokratischen Gestaltung der globalen Welt, die einen Bezugspunkt in der Gestaltung des Zusammenlebens in der Schule haben.

Dazu gehört der Baustein „Identität". Identität im Sinne der Erfahrung, dass jeder Mensch ein einzigartiges Individuum ist und einen respektvollen Umgang miteinander erfordert.

Ein weiterer Baustein beschreibt die Kinder- und Menschenrechte in einer demokratischen Gesellschaft als Grundlage zur Entwicklung von Regeln in der Gemeinschaft der Schule.

In einem weiteren Baustein setzen sich SchülerInnen mit der Demokratie in der Schule auseinander. Sie lernen Ereignisse und Bedingungen in Geschichte und Gegenwart kennen, die für das Verständnis der Demokratie und das Engagement für ihren Erhalt notwendig sind. Speziell für die Oberstufe wird ein Baustein zu den Herausforderungen der Demokratie in der amerikanischen und der deutschen Gesellschaft angeboten.

In der Planung müssen die Entscheidungsspielräume der SchülerInnen in Bezug auf Ziele, Inhalte, Aufgaben und der Auswahl von Materialien berücksichtigt werden. Der Entscheidungsspielraum kann, je nach Entwicklungsstand der Lerngruppe, eingeschränkt, beibehalten oder erweitert werden.

Auch die einzelnen Sequenzen können verändert werden. Man kann einzelne weglassen, andere ausweiten oder aus den angebotenen „weiterführenden Vorhaben" einzelne in den Unterricht aufnehmen. Dabei soll aber die Logik der Sequenzen bedacht werden. Denn sie folgen – neben den Anforderungen des jeweiligen Gegenstandes – dem Prinzip, subjektive Konzepte und Vorstellungen der SchülerInnen bewusst zu machen und zur Veränderung anzuregen. D.h. am Anfang stehen immer Angebote, deren Ziel ist, sich der eigenen Vorstellungen bewusst zu werden. Es folgt die Erarbeitung neuer Informationen zu dem Gegenstand und schließlich die Aufgabe zur Integration ins subjektive Konzept der einzelnen Schülerin oder des einzelnen Schülers, was zur Modifizierung des subjektiven Konzepts führen kann.

Mehrere Lernangebote setzen Fähigkeiten zum kooperativen und selbstgesteuerten Lernen voraus, bzw. bieten lehrergesteuerte Alternativen an. Von der Einschätzung der methodischen Fähigkeiten der Lerngruppe soll die Wahl zwischen den angebotenen Alternativen oder die Entscheidung für ein ganz anderes Vorgehen abhängig sein.

Die Differenzierung erfolgt hauptsächlich über die Aufgaben und Materialien. Die Pädagogin oder der Pädagoge sollten, wie in jedem Unterricht, die SchülerInnen bei der Entscheidung über die Wahl von Aufgaben und Materialien beraten oder diese steuern. Manche Aufgaben („Du kannst-Aufgaben") führen die SchülerInnen selbst zu einer Entscheidung nach Interesse und Leistungsvermögen. Da die Lernaktivitäten über die Lerngruppe hinaus in die Schule oder die Gemeinde führen können, sollten die Pädagogin oder der Pädagoge während der Arbeit an einem Lernangebot Chancen für weiterführende Vorhaben im Blick haben.

Die Lernangebote der Hands-Programme sind in den Rahmenlehrplänen von mindestens drei Fächern verankert. Andere Fächer wie Deutsch, Kunst, Englisch können zu einzelnen Lernangeboten einen fachlichen Beitrag leisten, weil die Themen und Inhalte gute Anwendungsmöglichkeiten darstellen. Deshalb bietet sich eine fachübergreifende oder fächerverbindende Arbeit an. Im Idealfall wird für fächerverbindenden Unterricht der Stundenplan der Schule aufgehoben, so dass mehrere Pädagogen sich beteiligen können. Oder Jahrgangsteams decken den Unterricht weitgehend selbst ab und können deshalb den Tagesablauf flexibel gestalten. Nun ist nicht jede Schule so organisiert und es gibt zu viele organisatorische Zwänge, die es erschweren, den Stundenplan einer Schule häufiger außer Kraft zu setzen. Deshalb wird als Alternative in dem Programm ein Modell angeregt, mit dem an den Lernangeboten weitgehend in den einzelnen Fächern gearbeitet werden kann. Einzig der Einstieg und die Präsentation erfolgen gemeinsam. Die beteiligten Fächer haben in diesem Modell auch einen Korridor für zusätzliche fachspezifische Inhalte.

Michael Rump-Räuber

Wie kann eine Schule zur „Hands Schule" werden?

In einem ersten Schritt bewerben sich die Schulen um die Teilnahme an dem Programm. Die Entscheidung wird mit Mehrheit durch einen Beschluss der schulischen Gremien abgesichert.

Die Schulen bilden jeweils eine Steuergruppe zur Koordination des demokratischen Schulentwicklungsprozesses. Diese besteht aus Schülern, Eltern, Pädagogen und einem Mitglied der Schulleitung.

Die Steuergruppe diskutiert, welcher der Wege für ihre jeweilige Schule der geeignete ist. Gemeinsam mit dem Kollegium entsteht eine Stärken-Ressourcen Analyse, auf deren Basis die Entwicklungsschwerpunkte der Schule bestimmt werden. Diese können im Qualitätsbereich

- Unterricht

- Schulkultur

- Schulmanagement

- Personalentwicklung und Professionalität

liegen.

Wenn die Zielrichtung gemeinsam bestimmt ist, geht es darum, heraus zu finden, welche Zielgruppe der Schule mit welchem Zeiteinsatz und welchen Mitteln an welchem Thema arbeiten möchte und kann. Damit beginnt die Phase des „Maßschneiderns" passgenauer Unterstützungsangebote. Das Hands-Programm unterstützt den Aufbau lokaler Bildungsnetzwerke, die Zusammenarbeit von Schulen mit außerschulischen Bildungseinrichtungen.

Schulen können häufig besser voneinander lernen, wenn sie an einem gemeinsamen Entwicklungsprojekt arbeiten, sich über Materialien und Erfahrungen mit verschiedenen Unterrichtsmethoden austauschen u.a.m. Dabei sollen die beteiligten Schulen von einem außen stehenden Berater begleitet werden. Dies zeigen verschiedene, z.T. auch evaluierte Projekte.

Je mehr sich die Institution Schule nach außen öffnet, desto wichtiger ist nicht nur die inhaltliche Einbeziehung von Zielgruppen und sozialen Milieus, sondern auch, dass substantielle Beteiligungsrechte an der Schule diesen Gruppen eingeräumt werden. Schulangelegenheiten werden zu Angelegenheiten der Kommune.

Die Herstellung von funktionierenden und belastbaren Kooperationsbeziehungen zwischen den Schulen, unterschiedlichen Institutionen und Professionen setzt für die Einrichtungs- und Stabilisierungsphase die Funktion eines Netzwerksmanagements voraus.

Dabei geht es um die Entwicklung gemeinsamer Verantwortung für das demokratische Gemeinwesen.

Literatur

Kahn, Ulrike; Rump-Räuber, Michael; Zöllner, Hermann 2011: Hands Across the Campus – ein demokratiepädagogisches Projekt. Erscheint im Februar 2011.

Meine Notizen und Ideen zum Thema:

_____

_____

_____

_____

_____

_____

_____

_____

_____

_____

_____

_____

_____

_____

_____

_____

_____

_____

Wie der Deutsche Bundestag Kinder und Jugendliche an die parlamentarische Demokratie heranführt

Christian Zentner, Deutscher Bundestag

Politische Bildung soll der Ausbildung von politischer Urteils- und Handlungsfähigkeit sowie methodischen Fähigkeiten dienen – so heißt es in einem Entwurf für nationale Bildungsstandards für den Politikunterricht (Detjen et al. 2004). Wie aber kann es gelingen, Jugendliche dazu zu befähigen, ihre Bürgerrolle wahrzunehmen und politische und gesellschaftliche Prozesse aktiv mitzugestalten? Die Entwicklung solcher Fähigkeiten und Fertigkeiten ist tatsächlich wesentlich für die Akzeptanz demokratischer und parlamentarischer Prozesse und Institutionen. Daher kann die Vermittlung solcher Kompetenzen längst nicht nur den Schulen – als jedoch wichtigste Akteure in diesem Bereich – aufgegeben werden. Vielmehr ist sie eine gesamtgesellschaftliche Aufgabe, bei der viele Beteiligte und Institutionen wichtige Aufgaben übernehmen.

Auch der Deutsche Bundestag leistet hierfür einen Beitrag, es gibt dort vielfältige „Maßnahmen zur Verbesserung des Verständnisses des Parlamentarismus und der Arbeitsweise des Deutschen Bundestages", wie es im Haushalt des Bundestages heißt. Mehr als drei Millionen Menschen besuchen jährlich das Parlament, die Hälfte der Besucher sind Kinder und Jugendliche und diese spielen in der aufklärenden Öffentlichkeitsarbeit des Bundestages eine besondere Rolle. So gibt es auf der Kuppel des Reichstagsgebäudes eine kindgerechte Version des Audioguides, in der die bekannte Figur „Bernd das Brot" den Kindern das Parlament erklärt. Und tausende Kinder erhalten jährlich bei den derzeit sechs Kindertagen pro Jahr einen Blick hinter die Kulissen im historischen Reichstagsgebäude. Ab der zehnten Klasse können SchülerInnen durch das zweimal pro Woche angebotene Planspiel „Parlamentarische Demokratie spielerisch erfahren" die Arbeitsweise des Bundestages kennenlernen. Die Jugendlichen simulieren dabei einen halben Tag lang Gesetzgebungsvorhaben, beraten als Abgeordnete in einem echten politischen Umfeld jugendgerechte Themen und lernen so den Gang der Gesetzgebung in seinen Details kennen. Und einmal im Jahr lädt der Bundestag mehr als 300 Jugendliche ein, die selbst im Plenum auftreten und reden dürfen, nämlich beim mehrtägigen großen Planspiel „Jugend und Parlament". Das Planspiel ist eine viertägige Simulation von vier vollständigen Gesetzgebungsverfahren, die jeweils von den Fraktionsberatungen, den verschiedenen Lesungen im Plenum und der Ausschussarbeit bis zur Abstimmung im Plenum reicht.

Online-Plattformen für jugendliche Zielgruppen unerlässlich

Doch nicht nur in den Parlamentsgebäuden selbst gibt es spezielle Angebote für Kinder und Jugendliche. Der Deutsche Bundestag nutzt bereits seit mehreren Jahren das Internet als wichtige Plattform speziell für die jüngere Zielgruppe. Und das nicht ohne Grund: Laut den aktuellen Daten der ARD/ZDF-Onlinestudie 2010 haben im Berichtsjahr erstmals 100 Prozent der 14- bis 20-Jährigen zumindest gelegentlich das Internet genutzt und verweilten bei ihrer Internetnutzung durchschnittlich jeweils 157 Minuten. Für Kinder und Jugendliche sind Online-Medien somit schlichtweg Standard.

Mit www.mitmischen.de verfügt der Bundestag daher über ein mittlerweile gut eingeführtes Jugendportal mit derzeit konstant über 230.000 Seitenabrufen monatlich, bei einigen Themen liegt die Anzahl der Seitenabrufe bei bis zu 20.000 pro Tag. Das Portal richtet sich an Jugendliche ab zwölf Jahren sowie junge Erwachsene bis 20 Jahre und existiert bereits seit 2005. Da sich Nutzungsverhalten und Angebotsstruktur des Internets seitdem kontinuierlich weiterentwickelt haben, befindet sich mitmischen.de gerade in einem umfassenden Relaunch-Prozess, der Anfang Mai 2011 abgeschlossen sein soll.

Mitmischen.de steht täglich vor einer großen Aufgabe: Die für politische Inhalte oftmals schwer erreichbare Zielgruppe „Jugendliche" soll trotz schier endloser Konkurrenz alternativer Internetangebote einen Teil ihrer Freizeit gerne auf einem parlamentarischen Jugendportal verbringen. Zudem ist die Zielgruppe in mehrfacher Hinsicht außerordentlich heterogen. Sie ist in der Altersstruktur von zwölf bis

20 Jahren sehr breit gefächert, hat individuell sehr unterschiedliche thematische Interessen und politisch-parlamentarische Kenntnisse und schließlich sehr verschiedene Beweggründe für den Besuch auf www.mitmischen.de. Die Motive sind im besten Fall natürlich intrinsisch motiviert. Sie können zunächst jedoch auch extrinsisch motiviert sein, beispielsweise mit Blick auf die Aktivierung von SchülerInnen im Schulunterricht, indem diese dort angehalten werden, Rechercheaufgaben auf Mitmischen.de zu lösen. In allen Fällen muss das Jugendportal schon auf den ersten Blick mit Vorurteilen über politisch-parlamentarische Prozesse aufräumen und die gesuchten Antworten schnell und gut verständlich auffindbar machen.

Zudem sind die Themen, die im Deutschen Bundestag debattiert werden, zwar zukunftsweisend und haben oftmals direkte Auswirkungen auf Jugendliche und junge Erwachsene. Doch Themen und parlamentarische Abläufe sind mitunter auch komplex, abstrakt und bedürfen der Einordnung. Bezüglich der inhaltlichen Ausrichtung muss Mitmischen.de daher in jugendadäquater Weise die Umsetzung vier großer Ziele gewährleisten:

• Leichter Zugang zu parlamentarischen Themen.

• Fortlaufende Darstellung und Aufbereitung der im Bundestag aktuell behandelten Themen, insbesondere solcher mit einem starken emotionalen oder inhaltlichen Bezug zu Jugendlichen und jungen Erwachsenen.

• Vermittlung von Fähigkeiten, politische Vorgänge im Zusammenhang mit dem Deutschen Bundestag verstehen, einordnen und bewerten zu können, insbesondere auch hinsichtlich der vom Grundgesetz vorgesehenen Rollen der Verfassungsorgane sowie der vorgegebenen Rollen von Regierungsfraktion(en) und Opposition.

• Vermittlung von Basisinformationen zur Arbeit und Wahl des Deutschen Bundestages sowie Vermittlung von Verständnis und Kenntnissen über die komplexen Vorgänge der Gesetzgebung.

Dabei ist ständig die besondere Herausforderung zu meistern, die Jugendlichen zwar zielgruppengerecht anzusprechen, aber dennoch in einer der Bedeutung des Bundestages als oberstes Verfassungsorgan

---

Christian Zentner

angemessenen Weise. Den Jugendlichen muss auf Augenhöhe begegnet werden, ohne sich anzubiedern, es muss eine intuitive Nutzbarkeit und leichte Konsumierbarkeit der Angebote geben, ohne oberflächlich zu werden. Das Jugendportal muss ein attraktives Angebot darstellen und spannend genug sein, um Jugendliche und junge Erwachsene zu einem erneuten Besuch zu animieren. Dafür muss die Orientierung an den Bedürfnissen der Zielgruppe täglich neu mit den Zielen des Jugendportals verbunden werden, auch wenn die Vermittlung komplexer parlamentarischer Prozesse mit den Ansprüchen von Jugendlichen an Online-Angebote nicht immer Hand in Hand geht.

Ein wesentlicher Aspekt in der Umsetzung der Ziele des Jugendportals sind die vielfältigen Möglichkeiten, tatsächlich mitzumischen und den Jugendlichen einen direkten Draht zu den Abgeordneten zu bieten. Es soll an jedem Punkt eine aktive und eigene – auch kontroverse – Auseinandersetzung mit parlamentarischen Themen möglich sein. Zu aktuellen Parlamentsthemen bietet www.mitmischen.de daher nicht nur Informationen, Reportagen und Interviews, sondern lässt Jugendliche auch umfangreich selbst zu Wort kommen.

Dieses Konzept geht auf. Die Mitmischen-Community hat mittlerweile mehr als 10.000 angemeldete NutzerInnen. In Chats und Foren, in denen bislang etwa 43.000 Beiträge verfasst wurden, diskutieren sie mit Abgeordneten oder untereinander: über die Aussetzung der Wehrpflicht, den Personalausweis 2.0 oder auch die Staatsverschuldung. Dabei sind selbst Themen wie die Staatsverschuldung – vielleicht für manchen überraschend – offenbar nicht zu sperrig für Jugendliche. Der Chat zwischen Jugendlichen und Abgeordneten unter dem Motto „Was wollen wir uns sparen" gehörte trotz der zeitgleichen Sommerferien, in denen die Zugriffszahlen regelmäßig zurückgehen, sogar zu den lebhaftesten Chats im Jahr 2010. Wenn alle Sparpakete auch das Ziel haben, der jungen Generation in Zukunft noch finanzielle Handlungsspielräume zu lassen, dann liegt es eigentlich auch nahe, dass diese selbst zu Wort kommen wollen. Wo würden sie den Rotstift ansetzen? Und woran sollte aus ihrer Sicht gerade nicht gespart werden? Fühlen sich die Jugendlichen in den Händen der Haushaltspolitiker gut aufgehoben?

Jugendliche wollen nicht nur ernst genommen werden, sie haben eine Meinung, die ernst zu nehmen es lohnt.

Politische Bildung auch für die Jüngsten

Dass der Bundestag neben seinem Jugendportal mit www.kuppel kucker.de seit dem Jahr 2007 auch ein eigenes Kinderportal unterhält, mag zunächst verwundern. So ist der Deutsche Bundestag auch das einzige europäische Parlament, das einen eigenen Internetauftritt bereits für sehr junge Kinder anbietet. Das Portal richtet sich derzeit an Kinder zwischen acht und 14 Jahren, soll künftig aber sogar schon für Kinder ab fünf Jahren interessant sein, da in diesem Alter die gesellschaftliche und politische Wahrnehmung beginnt. Bei jüngeren Kindern können Regeln innerhalb der Familie, des Vereins oder des Kindergartens das gesellschaftlich-demokratische Verständnis prägen. Zudem machen Kinder in dieser Altersspanne beiläufig erste Erfahrungen mit der Politik, sei es durch die Klassensprecher-Wahl in der Schule oder den Kontakt mit Wahlkämpfen und entsprechender Berichterstattung auf kommunaler, Landes- und Bundesebene. Und da Demokratie nach dem amerikanischen Philosophen und Pädagogen John Dewey nicht nur Staatsform, sondern auch Lebensform des ganz gewöhnlichen Alltags sein sollte, führen sogar bereits einige Kindergärten und Grundschulen Demokratieprojekte durch.

Wie sollen Kindern aber Themen wie „Abgeordnete", „Wahlen" oder „Ausschüsse" erklärt werden? Kuppelkucker.de möchte Kindern gerade auch solches Wissen über demokratische oder parlamentarische Begriffe nahebringen und die Aufgaben und Arbeitsweise des Deutschen Bundestages vorstellen. Dabei sollen die Inhalte spielerisch-explorativ vermittelt werden und der Spaß am Lernen und an der ersten Begegnung mit dem Bundestag im Vordergrund stehen. Kuppelkucker spielt dabei eine besondere Eigenschaft von Kindern in die Hände: Kinder sind neugierig, offen, sie haben keine Vorurteile. Diese Neugier ist ein großer Gewinn für Kuppelkucker.

Unter www.kuppelkucker.de machen sich die Kinder auf den Weg durch den Deutschen Bundestag und erkunden das Parlament sowie seine Strukturen von innen: Sie besuchen eine Abgeordnete in ihrem Büro, schauen sich in einem Ausschuss um und können den Plenarsaal virtuell betreten, in dem schon ein Saaldiener auf die jungen Gäste wartet. Natürlich können die Kinder auch die Reichstagskuppel erkunden, das berühmte Wahrzeichen des Deutschen Bundestages. An jedem Ort erfahren sie in einfachen Worten, wie im Bundestag gearbeitet wird.

Christian Zentner

Screenshot der Plattform www.kuppelkucker.de

Lesen muss in diesem Bereich von Kuppelkucker niemand können, alle Texte sind vertont. Für ältere Schulkinder, die schon konkrete Fragen haben und diese artikulieren können, gibt es die Möglichkeit, möglichst niederschwellig in einen Frage- und Antwortbereich zu gelangen. Ein Bereich, der bei Bedarf übrigens durchaus auch von Erwachsenen genutzt werden könnte. Erste Lesekenntnisse sind in diesem Bereich erforderlich, auch um die Kinder angemessen und auf Augenhöhe anzusprechen; wer lesen kann, möchte und soll das auch selbst tun. Das Kinderportal soll insgesamt ein attraktives Angebot darstellen und spannend genug sein, um sowohl Kinder am unteren Altersrand der Zielgruppe, als auch am oberen Rand der Zielgruppe zu einem wiederkehrenden Besuch zu animieren. Konzeption und Design berücksichtigen die natürliche Neugierde von Kindern, die Aufgeschlossenheit, den Drang zum spielerischen Erfahren sowie die Bedürfnisse von Kindern, ernst genommen zu werden und Herausforderungen meistern zu können. Aufgrund der Altersspanne von künftig fünf bis elf Jahren ist bei Kuppelkucker auch eine ausreichende Binnendifferenzierung der angebotenen Inhalte von großer Bedeutung. Ein wichtiger Aspekt für ein Kinderportal sind immer auch die Eltern. Ein solches soll ihnen das gute Gefühl geben, dass sie ihre Kinder auch alleine etwas ausprobieren lassen können, weil das Portal spielerisch und zugleich didaktisch wertvoll ist. Eltern können auf Kuppelkucker. de durch Elterninformationen auf jeder Seite erfahren, was ihre Kinder dort erleben und lernen können. Beispielsweise bei den derzeit sieben verschiedenen Online-Spielen vieler Genres, vom Malbuch über Puzzle- und Memory-Spiele, einem so genannten „Jump 'n' Run-Spiel" bis zu einem Kinder-Quiz. Besonderes Augenmerk wird bei Kuppelkucker auch auf den direkten Kontakt zu den Abgeordneten gelegt. So ist selbstverständlich die Kinderkommission des Bundestages (KiKo) involviert. Die KiKo hat einen eigenen Briefkasten, der natürlich quietschgelb und animiert ist. E-Mails, die virtuell in den Postkasten geworfen werden, gehen direkt an das derzeit fünfköpfige Gremium mit Vertretern aller Fraktionen, dessen Aufgabe es ist, die Rechte von Kindern durchzusetzen und ihre Interessen wahrzunehmen. Zwar ist die Kinder- kommission ihren Kinderschuhen selbst schon längst entwachsen – es gibt sie seit 1988 – doch erst mit dem Internet ist es tatsächlich kinder- leicht geworden, sie zu kontaktieren. Da die Bedeutung des Internets bei Kindern, gerade auch für ihre Lernentwicklung, in den vergangenen Jahren noch einmal deutlich gewachsen ist, soll Kuppelkucker nicht nur fortgeführt, sondern mit Blick auf neue Nutzungsgewohnheiten, Ange- botsstrukturen und Techniken ständig fortentwickelt werden. Für die Jahresmitte 2011 ist daher auch für das Kinderportal des Deutschen Bundestages ein Relaunch vorgesehen. Es ist ein gesamtgesellschaftlich notwendiges Ziel, Jugendliche zur aktiven Teilhabe an politischen Pro- zessen zu bewegen. Junge Menschen an politisches und parlamentarisches Handeln heranzuführen und über die Vermittlung von Wissen über par- lamentarische Zusammenhänge Interesse bei den Jugendlichen zu erzeugen, bleibt daher ein wichtiger Aspekt der Öffentlichkeitsarbeit der Verwaltung des Deutschen Bundestages. Das Internet spielt dabei keine ausschließliche, aber eine wichtige Rolle.

Literatur

Detjen, Joachim; Kuhn, Hans-Werner; Massing, Peter; Richter, Dagmar; Sander, Wolfgang; Weißeno, Georg 2004: Anforderungen an Nationale Bildungsstandards für den Fachunterricht in der Politischen Bildung an Schulen – Ein Entwurf. Gesellschaft für Politikdidaktik und Politische Jugend- und Erwachsenenbildung (Hrsg.), Schwal- bach/Ts: Wochenschau Verlag.

Meine Notizen und Ideen zum Thema:

III. Demokratie leben

Dialog auf Augenhöhe – Wer Beteiligung erwartet, muss sich auch auf Veränderungen einlassen

Peter Ruhenstroth-Bauer, Berliner Beirat für Familienfragen

Fehlendes politisches Interesse, mangelnde Attraktivität für politisches Engagement oder ganz einfach nur die nüchterne Betrachtung der Entwicklung von Mitgliederzahlen und des steigenden Altersdurchschnitts in den Parteien, aber auch Gewerkschaften und Organisationen der Zivilgesellschaft, werden allenthalben lautstark beklagt. Kinder und Jugendliche dafür zu begeistern, sich zu engagieren, zählt daher in einer demokratischen Gesellschaft zu den zentralen Herausforderungen. Auf der Suche nach neuer Attraktivität erhalten dabei Kommunikation und Dialog scheinbar einen besonderen Stellenwert. Die Erfahrungen zeigt jedoch vor allem eines: Interesse für das „sich einmischen" hat man nur, wenn sich das Engagement aus der Sicht eines Betroffenen wirklich lohnt. Wichtig ist, dass derjenige, der die Einmischung, das Mitmachen und auch das Engagement angestoßen hat, signalisiert, dass er alle Ideen und Beiträge wirklich ernst nehmen wird. Immer drängender wird es dabei für die Politik, die erkennen muss, dass ihre Legitimation, trotz Wahlen, bei einzelnen Projekten ohne eine Beteiligung der Betroffenen immer mehr auf tönernen Füssen steht. Voraussetzung für das Engagement ist dabei offensichtlich nicht, dass man sich als engagierteR BürgerIn mit seiner Vorstellung zu 100 % durchsetzt. Von wirklicher Bedeutung ist der Beteiligungsprozess selbst, für den eine Kommunikation „auf Augenhöhe" unbedingte Voraussetzung ist. Das bedeutet letztendlich, dass am Ende eines Prozesses, an dem sich viele Menschen beteiligt haben, ein Projekt durchaus anders aussehen kann, als es zu Beginn vorgesehen war. Um den Beweis der Kommunikation auf Augenhöhe anzutreten, bedarf es keines großen Planungsprojektes à la „Stuttgart 21" mit dem Widerstand der Menschen gegen alle Unwägbarkeiten. Dass es die Politik wirklich ernst meint mit dem Engagement und der Einmischung der BürgerInnen, kann und muss sie schon an unmittelbaren und viel weniger spektakulären Alltagsprojekten zeigen. Gerade hier besteht die echte Chance, auch die Lebenswelten von Kindern und Jugendlichen unmittelbar einzubeziehen. So könnte eine Brücke von den Interessen und Herausforderungen zur praktischen Umsetzung geschlagen werden.

Das Beispiel des Berliner Beirates für Familienfragen

In Berlin wurde ein Projekt aufgesetzt, das genau den Beweis dafür erbringen kann, dass man das Engagement ernst nimmt. Es kann zeigen, dass Kommunikation auf Augenhöhe funktioniert, dass es sich lohnt, sich einzumischen und zu engagieren. Ende 2007 hat der Berliner Senat ein überparteiliches und ehrenamtliches Beratungsgremium berufen – den Berliner Beirat für Familienfragen. Mit der Berufung der 22 VertreterInnen des Gremiums aus Wissenschaft, Wirtschaft, Gewerkschaften, Politik, Wohlfahrt, Glaubensgemeinschaften und Einzelpersonen hat der Senat der Familienpolitik im Land Berlin einen sichtbar neuen Stellenwert gegeben. In dem Gremium sitzen nicht nur VertreterInnen aller Fraktionen des Berliner Abgeordnetenhauses, sondern bewusst auch solche Akteure, die man auf den ersten Blick nicht mit praktischer Familienpolitik in Verbindung bringt; so zum Beispiel die Handwerkskammer oder die Industrie- und Handelskammer Berlins. Aber nicht nur die Zusammensetzung, auch die vom Senat beschlossene Aufgabenstellung in der Satzung des Familienbeirats zeigen, dass die Politik bereit scheint, beim Thema Familie ein breites Kompetenzfeld zu aktivieren. Der Beirat ist aufgefordert, familienrelevante Senatsentscheidungen vorab beratend zu begleiten[1], Familienfragen in der Stadt eine relevante Stimme zu geben und schließlich: den Familienbericht des Landes Berlin in dieser Legislaturperiode zu erarbeiten. Ende Januar 2011 wird der Familienbericht für diese Legislaturperiode abgeschlossen und dem Regierenden Bürgermeister übergeben.

Der Berliner Familienbeirat hat für diesen Bericht klare Ziele formuliert: Neben einer Bestands – und Bedarfsanalyse der bestehenden familienorientierten Angebote Berlins soll auch eine Weiterentwick-

1 *http://www.familienbeirat-berlin.de/stellungnahmen.html*

lung und ggf. Neukonzeption familienpolitischer Maßnahmen angeboten werden. Für die vielen verschiedenen Akteure der Hauptstadt werden so Angebote und Beispiele für eine unmittelbare Umsetzung zusammengestellt. Im Ergebnis wird der Berliner Familienbericht also nicht nur Risiken beschreiben, sondern auch Chancen aufzeigen: neben den „Defiziten" wird ein gleichberechtigter Schwerpunkt auf bereits bestehende gute Praxis in Berlin gelegt. Denn dass auch dringender Bedarf besteht, die Aktivitäten in den zwölf Berliner Bezirken zu vernetzen, zeigt schon ein oberflächlicher Blick: Die Beispiele guter Praxis kommen in der Hauptstadt über manche Bezirksgrenze nicht hinaus.

Um die Inhalte des Familienberichts zu konturieren, wurden von den Beiratsmitgliedern 2008 in einer Prioritätsabfrage sechs Schwerpunktthemen des Familienberichts identifiziert:

• Familien und Beruf vereinbaren/Work-Life-Balance

• Familienfreundliche Regionen und Stadtquartiere

• Ausbau der familienfreundlichen Infrastruktur in Berlin

• Damit Familienarmut nicht zum Alltag gehört!

• Bildung und Ausbildung für alle Kinder und Jugendlichen

• Integration in unserer Stadt – als Querschnittsthema für alle vorhergehenden Schwerpunktthemen.

Bei der Erarbeitung dieser Themen durfte es nach Auffassung des Familienbeirats nicht allein um die Expertise der Wissenschaft sowie der Akteure für Familien in der Stadt gehen. Im Vordergrund sollten die Anregungen und Hinweise der Familien stehen. So wurde der Satz „der Berliner Familienbericht wird **nicht *über* die Familien, sondern *mit* den Familien** Berlins erarbeitet" zur Richtschnur für die Berichtserarbeitung. Gleichzeitig sollten die familienpolitischen Akteure wie die Öffentlichkeit die Ergebnisse der verschiedenen inhaltlichen Schwerpunkte nicht erst mit der Übergabe des Berichtes kennenlernen. Deshalb wird die Berichterarbeitung vom Familienbeirat seit 2008 als ein öffentlicher Prozess verstanden. Nach jedem Kapitel werden die Zwischenergebnisse öffentlich kommuniziert und geben so Anlass zur Diskussion und gleichzeitig auch schon während der Berichtserarbeitung zur politischen Reaktion.

Die Themenschwerpunkte werden dabei in gleicher Struktur mit unterschiedlichen Instrumenten bearbeitet. Dazu gehören die vier verschiedenen Herangehensweisen und Arbeitsformen[2]:

- Beteiligung

- Praxisorientierung

- Wissenschaftliche Expertise

- Diskussionsveranstaltungen und Fachforen.

Nach einer Einführung in die verschiedenen Themen und der Bedeutung für die Familien in Berlin wird mit einer eigenen Bestandsaufnahme beschrieben, wie die Wirkungen der aktuellen Angebote, Maßnahmen und Strukturen auf Familien aussehen. Die wissenschaftliche Bewertung bildet dabei die Grundlage für die Analyse, aus der sich dann in der folgenden Diskussion eine Prioritätensetzung mit Handlungsansätzen und Vorschlägen zur Weiterentwicklung ergibt. So entwickelt der Familienbericht als Beteiligungsprojekt mit Familien, Kindern und Jugendlichen, SeniorInnen und der Fachöffentlichkeit aus der Gesamtschau der unterschiedlichen Perspektiven Umsetzungsempfehlungen, die die Akteure unter Einbeziehung schon bestehender best Practice aus Berlin als Anregung und Auftrag verstehen sollten.

Beteiligung

Um eine breite Beteiligung an den Schwerpunkten des Familienberichts zu ermöglichen, wurde 2008 der erste **Berliner Online-Dialog**[3] unter www.Zusammenleben-in-Berlin.de durchgeführt. Vier Wochen

---

2 *http://www.familienbeirat-berlin.de/familienbericht.html*

3 *http://www.familienbeirat-berlin.de/fileadmin/Familienbericht/Abschlussbericht_Berliner_Familiendiskurs_endg.pdf*

---

lang haben die BerlinerInnen ihre eigenen Schwerpunkte entwickelt, Themen diskutiert und Vorschläge gemacht. Wie bei vielen Online-Diskussionen auch gab es Einige, die als registrierte Teilnehmer intensiv diskutiert haben und Viele, die „mitgelesen" haben. Unterstützt durch prominente Paten des Dialogs, Schauspieler, TV-Journalisten, Sportler und andere stadtbekannte Einzelpersönlichkeiten, diskutierten 318 registrierte NutzerInnen. Hinzu kamen 2816 individuelle Mitleser. Mit insgesamt 38.000 Seitenzugriffen in den vier Wochen des Dialogs war die Nutzungs- und Reichweitenbilanz des ersten Online-Dialogs ein Erfolg. Bei einem hohen Anteil männlicher Teilnehmer (35 %) und einem Schwerpunkt auf der Altersgruppe der 30- bis 44-Jährigen (54 %) wurden 635 qualifizierte Beiträge mit 67 konkreten Verbesserungsvorschlägen diskutiert. Die Top-Themenfelder des Dialogs waren die Bereiche Bildung und Betreuung, Wohnumfeld und Verkehr, Freizeit und der Wunsch nach einem zentralen Familieninformationsportal im Internet.

Gerade für jüngere Zielgruppen ist die Beteiligung via Internet sicherlich viel unproblematischer und selbstverständlicher, als für ältere Menschen. Im Sinne einer möglichst breiten Partizipation wurden die Beteiligungsmöglichkeiten auch unmittelbar in den Berliner Bezirken umgesetzt. Von Januar bis Mai 2009 führte der Beirat **sechs ganztägige Familienforen**[4] in den Bezirken, Neukölln, Marzahn-Hellersdorf, Steglitz-Zehlendorf, Friedrichshain-Kreuzberg, Spandau und Pankow durch. Die Ergebnisse der Foren, die ebenso wie die Gesamtberichterstattung Wert darauf gelegt haben, nicht nur die Schwachpunkte „vor Ort" zu identifizieren, sondern auch die gute Praxis vorzustellen, wurden in einem Abschlussbericht zusammengestellt und ausgewertet. In diesem Rahmen haben sich, je nach Ansprache, auch Jugendliche eingebracht, die ihre Lebenssituation unmittelbar „vor Ort" verbessern wollten.

Schließlich fand von April bis Mai 2010 unter www.zusammen-leben-in-berlin.de der **2. Berliner Online-Dialog** statt. Mit der begleitenden Kampagne „Werde Kiez-Angeordnete/r – Deine Online-Stimme für Berlin" wurde diesmal auf verschiedene Stadtteilviertel bezogen diskutiert. So wurde der Fokus unmittelbar „vor die Haustür"

---

4 *http://www.familienbeirat-berlin.de/fileadmin/Familienbericht/Abschlussbericht_Famforen_endg..doc.pdf*

Peter Ruhenstroth-Bauer

gelegt. Der 2. Online-Dialog wurde nicht nur durch die Konzentration auf die Stadtteilviertel wahrgenommen, sondern auch durch die inzwischen zahlreichen Unterstützer, die mit pro bono Leistungen für das Projekt eingetreten sind. So hat die Deutsche Post AG rund 55.000 Briefe des Familienbeirats mit der Aufforderung zur Beteiligung an Familienhaushalte verschickt.

Brief des Berliner Familienbeirates an Familienhaushalte in Berlin

Die Berliner Kommunikationsagentur „Johanssen+Kretschmer Strategische Kommunikation" hat die gesamte Kampagne in der Kreation entwickelt und umgesetzt. Zusätzlich hat sie den Online-Dialog parallel durch eine vierwöchige Social Media Kampagne via Facebook begleitet. Die Stadtkultur Berlin GmbH hat über 1.000 Plakate kostenlos gehängt und die Berliner Tageszeitung „Der Tagesspiegel" hat als Medienpartner für eine zusätzliche Öffentlichkeit gesorgt. Der Abschlussbericht, der die Auswertung des Online-Dialogs enthält, wurde veröffentlicht und unmittelbar in den Berliner Familienbericht 2011 eingearbeitet.

Wissenschaftliche Expertise

Zu den verschiedenen Themen und Fragestellungen des Familienberichts wurden Wissenschaftsexpertisen vergeben. So hat der Berliner
Familienbeirat im August 2008 das Institut für sozialwissenschaftlichen Transfer (SowiTra) beauftragt, eine Bestandsaufnahme und
Bedarfsanalyse[5] zum Thema „Vereinbarkeit von Familie und Beruf im
Lebensverlauf von Familien in Berlin" durchzuführen. Der Beirat hat
auf der Grundlage dieser Untersuchung konkrete Empfehlungen[6] –
insbesondere für die Handlungsfelder Arbeitswelt, Kindertagesbetreuung, Informationsangebote und Datenlage – formuliert, wie die
Balance zwischen Erwerbsarbeit und Familienleben besser gestaltet
und unterstützt werden kann.

Plakatmotive der Kampagne zum 2. Berliner Online-Dialog

---

5 *Bestandsaufnahme und Bedarfsanalyse zum Thema Vereinbarkeit von Familie und Beruf im Lebensverlauf von Familien in Berlin.*

6 *Empfehlungen des Berliner Familienbeirats zur Verbesserung der Vereinbarkeit von Familie und Beruf in Berlin.*

Peter Ruhenstroth-Bauer

Praxisorientierung

Damit es nicht alleine bei der Expertise bleibt, sucht der Berliner Beirat für Familienfragen auch schon vor Abschluss des Familienberichts nach Praxisumsetzungen. Aus den Empfehlungen des Beirats für eine bessere Vereinbarkeit von Familie und Beruf wurde ein Bündnis des Familienbeirats mit der Industrie- und Handelskammer Berlin, der Handwerkskammer und dem DGB Landesbezirk Berlin-Brandenburg. Mit Unterzeichnung der Berliner Deklaration für Vereinbarkeit von Beruf und Familie[7] haben sich die Partner verpflichtet, einen Schwerpunkt auf die Vereinbarkeit von Familie und Beruf zu legen. IHK und Handwerkskammer haben ihre Betriebsberater zusätzlich geschult, der DGB hat seine Betriebsräte über Vereinbarungsmöglichkeiten informiert. Alle Partner haben gemeinsam den ersten landesweiten Wettbewerb „Unternehmen für Familie – Berlin 2010" ausgerufen, der im Sommer 2010 die familienfreundlichsten Betriebe Berlins ausgezeichnet hat.

Aus der Forderung des 1. Online-Dialogs nach einem zentralen Informationsportal wurde in Kooperation des Familienbeirats mit dem Verwaltungs- und Organisationsexperten Prof. Werner Jann an der Universität Potsdam ein studentisches Projekt zur Entwicklung der Inhalte eines solchen Familieninformationsportals[8]. Die Projektergebnisse werden jetzt in einem gemeinsamen Kooperationsprojekt des Familienbeirats mit der Humboldt-Viadrina School of Governance und den Professoren Stefan Breidenbach und Jasminko Novak aufgegriffen und praxistauglich umgesetzt.

---

7 *http://www.familienbeirat-berlin.de/nc/aktuelles/hintergrundinformationen.html?sword_list[]=Deklaration*

8 *http://www.familienbeirat-berlin.de/fileadmin/Presse/10-03-05_Presseeinladung_Familieninformationsportal.pdf*

Von Mitte Mai bis Ende Juli 2009 hat der Beirat stadtweit einen sog. „Call for Papers" durchgeführt, indem er familienpolitische Akteure eingeladen hat, Best-Practice Beispiele für mehr Familienfreundlichkeit vorzustellen. So werden praxisrelevante Empfehlungen und gute Beispiele für mehr Familienfreundlichkeit im Familienbericht vorgestellt.

Diskussionsveranstaltungen und Fachforen

In Diskussionsveranstaltungen und Fachforen wird mit Teilnehmenden aus Verbänden, Wissenschaft und Praxis über ausgewählte Themen diskutiert. So wurde im April 2009 mit der Friedrich-Ebert-Stiftung die gemeinsame Konferenz „Berlin vernetzen für Familien..."[9] zum Konzept der Weiterentwicklung der Kindertageseinrichtungen zu Familienzentren veranstaltet. Praxisbeispiele aus Berlin und der gesamten Bundesrepublik haben die Thematik veranschaulicht. Mit der Veranstaltung „Zwischen Pflegebett und Arbeitsplatz"[10] im Februar 2010 hat der Familienbeirat in Kooperation mit den beiden Senatsverwaltungen Familie und Wirtschaft und dem lokalen Berliner Bündnis für Familie die Vereinbarkeit von Beruf und Pflege in das öffentliche Interesse der Stadt gerückt. Im März 2010 wurde ein Hearing zum Thema „Flexible Kindertagesbetreuung in Berlin" durchgeführt. Es ist Grundlage für die Stellungnahme des Familienbeirats zu den Anforderungen an eine flexible Kindertagesbetreuung in der Stadt.

Lackmustest für die Politik: Beteiligung auf Augenhöhe

Der Berliner Familienbericht 2011 soll mehr sein als ein Bericht, der den politischen Entscheidern zeigt, wo nach Ansicht der Experten die Schwachpunkte liegen. Mit der thematischen Konzentration soll deutlich werden, dass ein Ausschnitt aus dem breiten Spektrum aller Familienfragen betrachtet werden kann. Die Verbindung von Expertise mit praktischer Umsetzung macht das Thema schon in der Erarbeitungsphase immer wieder öffentlich. Die Kommunikation der einzelnen Kapitel des Berichts über einen Zeitraum von fast drei

9 http://library.fes.de/pdf-files/do/06770.pdf

10 http://www.familienbeirat-berlin.de/veranstaltungen/dokumentation.html

　　　　　　　　　　　　　　　Peter Ruhenstroth-Bauer

Jahren und die Beteiligungselemente in der Berichtserarbeitung haben eine breite Öffentlichkeit in der Stadt erreicht. Damit ist jetzt schon, neben den Empfehlungen für die Politik und dem Handbuchcharakter des Familienberichts Berlin 2011 ein Ziel erreicht: Familie ist Thema in Berlin. Doch ob dieser Prozess wirklich ein Erfolg wird, zeigt sich erst, wenn die Politik den Beleg dafür erbringt, dass sie die Anregungen und Vorschläge, die in den Online-Dialogen und Familienforen gewonnen wurden, wirklich ernsthaft prüft, und – so weit möglich – auch umsetzt. Davon hängt für junge wie auch für ältere Menschen maßgeblich ab, ob sie sich erneut in ähnliche Prozesse einbringen. Denn wer sich nicht mehr ernst genommen fühlt, verliert zu Recht Vertrauen. Wem vermittelt wird, er habe keine Ahnung, der fragt nach der Legitimation der Politik. Der Graben zwischen der Wirklichkeit der Menschen und den politisch Handelnden wird immer größer. Kein Wunder, wenn man sich anschaut, wie die Pflicht zu Information und öffentlicher Beteiligung vielfach wahrgenommen wird. Die weit verbreitete politische Attitüde „Information von oben nach unten" funktioniert nicht mehr.

In großen und zunehmend wohl auch kleinen Projekten bedeutet das für beide Seiten – Politik wie auch BürgerInnen – einen Gewöhnungsprozess. Der Bürgerfrust über „die da oben" muss in echte und aktive Beteiligung umgelenkt werden. Auf der Suche nach Akzeptanz und einem Mehr an Legitimation muss die Politik dies ermöglichen und gleichzeitig das Bewusstsein schaffen, dass man sich auf Augenhöhe begegnet. Es mag sein, dass das eine oder andere Politik- oder auch Wirtschaftsprojekt dadurch nicht so umgesetzt werden kann, wie man sich das ursprünglich gedacht hatte. Aber mit der Bürgerbeteiligung hat man die Legitimation für seine Projekte und damit den notwendigen Handlungsspielraum sichergestellt.

Kinder und Jugendliche, so belegt es u.a. die Shell-Jugendstudie 2010[11], sind bereit, sich zu engagieren, wenn ihnen die Sache persönlich wichtig ist. Und obwohl auch das politische Interesse immer noch weit hinter dem Niveau der 1970er und 1980er Jahre liegt, ist der Anteil der politisch interessierten Jugendlichen wieder leicht gestiegen. Dass ein Projekt wie in Berlin, in dem die Familie und das

---

11 http://www.shell.de/home/content/deu/aboutshell/our_commitment/shell_youth_study/2010/

Zusammenleben in der Stadt im Mittelpunkt stehen, dafür einen guten Ansatzpunkt bietet, zeigt die Jugendstudie ebenfalls[12]: Gerade in Zeiten gestiegener Anforderungen in Schule, Ausbildung und den ersten Berufsjahren bietet die Familie nach Ansicht von mehr als drei Viertel der befragten Jugendlichen einen wichtigen Rückhalt und emotionale Unterstützung.

Gute Signale also, wenn es jetzt darum geht, den Beweis zu erbringen und die Erfahrung zu machen, dass sich Engagement wirklich lohnt.

---

12 *http://www.shell.de/home/content/deu/aboutshell/our_commitment/shell_youth_study/2010/family/*

Meine Notizen und Ideen zum Thema:

_____

_____

_____

_____

_____

_____

_____

_____

_____

_____

_____

_____

_____

_____

_____

_____

_____

_____

_____

Junger Rat für Mast: Bundestagsabgeordnete bringt Demokratie in Schulen

Katja Mast, Mitglied des Deutschen Bundestages
Sigune Wieland, Wissenschaftliche Mitarbeiterin

Demokratie braucht Demokraten. Politik braucht mehr Dialog.

Wir können Jugendliche für Politik und Demokratie begeistern. Wir müssen sie daran beteiligen. Nur wenn Jugendliche verstehen, was Politik mit ihnen zu tun hat, wo sie sich einmischen können und dass Politik sie ernst nimmt, werden sie sich aktiv für unsere Demokratie engagieren. Diese Überzeugungen waren es, die mich auf den Weg zu meinem bundesweit einmaligen Projekt „Junger Rat für Mast" gebracht haben, als ich 2005 zum ersten Mal für die Menschen aus dem baden-württembergischen Pforzheim und dem Enzkreis SPD-Bundestagsabgeordnete geworden bin.

Demokratie nachvollziehbar machen

Mit meinem Projekt kommt Politik in den Unterricht. Jugendliche werden zu Politikgestaltern. „Junger Rat für Mast" ist ein anspruchsvolles, aber vor allem gewinnbringendes Demokratieprojekt. Der direkte und persönliche Bezug zwischen mir und den Jugendlichen ist ein Erfolgsrezept, denn Politik bekommt ein menschliches Gesicht, das die Jugendlichen auch mal im Fernsehen oder zu Hause bei Veranstaltungen wieder sehen können. Lehrer berichten mir, dass die Jugendlichen, die im Projekt mitgemacht haben, sich deutlich mehr für Politik interessieren, Zeitung lesen und diskutieren. Dabei spielt meine Parteizugehörigkeit eine untergeordnete Rolle.

Für die SchülerInnen wird Demokratie durch den „Jungen Rat für Mast" erlebbar und nachvollziehbar. Sie beraten mich als Bundestagsabgeordnete bei Themen, für die ich in Berlin im Bundestag direkt

Verantwortung trage. Das sind vor allem Fragen der Arbeitsmarkt-, Bildungs- und Sozialpolitik sowie des Petitionsrechts, denn ich gehöre dem Ausschuss für Arbeit und Soziales sowie dem Petitionsausschuss an. Die SchülerInnen wissen von Anfang an, dass sie sich mit meinen alltäglichen Arbeitsthemen beschäftigen. Das bringt Begeisterung und Lebendigkeit in meinen politischen Alltag und für die SchülerInnen Praxisbezug in den Unterricht.

Demokraten unabhängig von ihrem Abschluss fördern

Jede Schule kann mitmachen – egal ob Hauptschule oder Gymnasium. Denn Demokratie braucht Demokraten, unabhängig vom Bildungsabschluss. Als ehemalige Hauptschülerin lag das für mich auf der Hand. Denn egal ob Hauptschule oder Gymnasium, egal ob Förderschule oder Realschule, egal ob in der Berufsausbildung oder in einem Berufsvorbereitungsjahr – jeder Jugendliche hat in unserer Gesellschaft seinen Platz. Anfangs war es schwierig, Haupt- und Förderschulen davon zu überzeugen, mitzumachen. Sie fühlten sich nicht angesprochen. Oft meinten sie, „unsere Jugendlichen können ja noch nicht wählen gehen". Aber darum kann es bei Demokratieförderung nicht gehen, davon bin ich fest überzeugt. Diese Hürde ist heute überwunden. Die teilnehmenden Klassenstufen reichen von Klasse acht bis zwölf. Aktuell geht „Junger Rat für Mast" in die sechste Runde, so dass es mittlerweile über 1.100 Schüler sind, die mitgemacht haben.

Wie werden die Jugendlichen zu Politikberatern?

Am Schuljahresanfang wird das Projekt ausgeschrieben. Über die Schulleitung oder aus der Zeitung erfahren es die LehrerInnen und bewerben sich in meinem Bürgerbüro. Daraufhin folgt die Auswahl der Klassen und das Gespräch mit dem Lehrer über mögliche Themen. Es soll direkt zu meinen Verantwortlichkeiten im Bundestag oder im Wahlkreis passen und natürlich die SchülerInnen ansprechen. Nach diesem Gespräch mit dem Lehrer folgt der erste Besuch in der Klasse. Hier tauchen die Schüler in meine Tätigkeit als Bundestagsabgeordnete ein. Wir sprechen beispielsweise über die Höhe der Diäten, darüber, was eine Abgeordnete in ihrer Freizeit macht und interessiert, über politische Ereignisse, einfach über alle Themen, die Jugendliche bewegen. Jede Frage ist erlaubt und wird vor allen Dingen auch beantwortet. Gemeinsam mit dem Lehrer wird das Thema unseres Projekts vorgestellt. Manchmal kommt es vor, dass die SchülerInnen den Vorschlag nicht teilen, dann wird das Thema entsprechend angepasst.

Nach diesem ersten Besuch in der Klasse geht es für die SchülerInnen und den Lehrer erst richtig los: Sie erarbeiten das Thema, überlegen sich eine Präsentation und grübeln darüber, wie sie ihren Rat an mich als Abgeordnete gestalten wollen. Filme, Poster, Präsentationen, Handbücher, Umfragen in der Fußgängerzone bis hin zu kleinen Theaterstücken entstehen. Die Vielfalt, der Ideenreichtum und die Auseinandersetzung mit den Themen durch die SchülerInnen sind verblüffend detailliert. Einige Wochen später besuche ich erneut den Unterricht und komme mit viel Zeit im Gepäck, um mir den Rat der Jugendlichen anzuhören, zu hinterfragen und zu besprechen.

Katja Mast im Gespräch mit Schülern des Lise-Meitner-Gymnasiums in Königbach-Stein

Beispiele aus sechs Jahren Junger Rat für Mast

Die SchülerInnen denken über ihren eigenen Tellerrand hinaus, von Politikverdrossenheit keine Spur. Eine achte Klasse des Kepler-Gymnasiums in Pforzheim hat 2010 beispielsweise das Thema Soziale Gerechtigkeit bearbeitet. Gegliedert haben die SchülerInnen das Thema in zwei Stränge: Kinderarmut und Sicherheit im Erwerbsleben. Sie setzten sich damit auseinander, wie Kinder aus armen Familien unabhängig vom Geldbeutel ihrer Eltern gleiche Bildungschancen erhalten können. Sie forderten von uns als Politiker beispielsweise, dass den Kindern direkt das Mittagessen in der Schule oder die Teilnahme am Schulausflug bezahlt werden sollte, statt den Eltern das Geld zu geben. Ein Gedanke, der für mich dann wieder eine Rolle bei der Debatte um die Höhe des Arbeitslosengelds II im Deutschen Bundestag spielte. Die zweite Gruppe in dieser Klasse empfahl einen besseren Kündigungsschutz für Jugendliche und ältere ArbeitnehmerInnen und einen flächendeckenden, gesetzlichen Mindestlohn. Die Forderung einer gesetzlichen Lohnuntergrenze entstand aus einer Unsicherheit der SchülerInnen, denn sie stellten fest: Wenn wir uns in der Schule anstrengen und hinterher arbeiten, wollen wir davon auch leben können. Ihre politischen Forderungen betteten die SchülerInnen in selbstgedrehte Videos ein, die mir die Themen nahe bringen sollten und die ich auch verwende. Zusätzlich interviewten sie Menschen in ihrem schulischen und familiären Umfeld. Eine runde Sache also.

An dieser Stelle will ich nicht verhehlen, dass die Jugendlichen gelegentlich Empfehlungen geben, die praktisch nicht umzusetzen sind oder meiner Werteüberzeugung widersprechen. Dann nutze ich die Diskussion mit ihnen am Projektende, um die Argumente für ihre und meine Position auszutauschen. Denn Politik braucht den Dialog.

Eine Klasse der Bohrainschule, eine Förderschule in Pforzheim, beriet mich zu einem ganz anderen Thema: Dem Alkoholkonsum Jugendlicher. Sie stellten ihre Ergebnisse in Form von Experimenten, alkoholfreien Cocktails und Theaterstücken dar. Bei einer Podiumsdiskussion konnten sie anschließend ihre Ergebnisse präsentieren. Gerade diese Klasse war es, die mich in meiner politischen Haltung geprägt hat, dass Jugendliche eine zweite Chance auf einen Schulabschluss brauchen. Schließlich sind es jährlich 65.000 Jugendliche in

Deutschland, die die Schule ohne Abschluss verlassen. In meinem Wahlkreis kommen einige davon aus der Bohrainschule, meist wegen schwieriger familiärer Hintergründe. Deshalb habe ich diese SchülerInnen auch in einer meiner Reden im Deutschen Bundestag als Beispiel genannt.

Mit der neunten Klasse der Mörike-Realschule aus Mühlacker habe ich 2010 das Thema „Integration" ausgewählt, das gerade an dieser Schule mit vielen Jugendlichen mit Migrationshintergrund besonders lebensnah ist. Viele SchülerInnen wissen, dass Menschen mit Migrationshintergrund besonders von Arbeitslosigkeit betroffen sind. Die SchülerInnen haben das Thema sehr konkret auf ihr Lebensumfeld bezogen. Mit Hilfe eines Fragebogens haben sie ihre MitschülerInnen und SchülerInnen anderer Schulen zu ihrem kulturellen Hintergrund befragt. Sie haben sich zudem mit der Bedeutung der Sprache für gelungene Integration beschäftigt und klargestellt, dass Integration von beiden Seiten stattfinden sollte – sowohl von Seiten der Migrantinnen und Migranten, als auch von Seiten der Aufnahmegesellschaft. Auch kritische Punkte wurden angesprochen, beispielsweise, dass sie viele Kinder kennen, bei denen zu Hause kein Deutsch gesprochen wird. Dass Mühlacker längst eine internationale Stadt ist, wurde durch eine Fotomontage mit dem Titel „Wir sind Mühlacker" bildlich dokumentiert. Die SchülerInnen forderten verbindliche Sprachkurse für alle, sowie Verbesserungen direkt bei ihnen vor Ort. Für ihre Schule wünschten sich die Jugendlichen gemeinsames Kochen mit internationalen Gerichten, so dass die Kultur der Mitschüler bekannter wird. Für Mühlacker wünschten sie sich bessere Zugänge und Öffnungszeiten für Bolzplätze und ein Jugendhaus inmitten der Stadt. Auch diese Empfehlungen waren es Wert, direkt adressiert zu werden. Deshalb habe ich kurz vor den Sommerferien mit einer Delegation der SchülerInnen den Oberbürgermeister ihrer Stadt besucht, um über das Miteinander in Mühlacker zu diskutieren. Mir war besonders wichtig, dass die SchülerInnen selbst ihre Forderungen an der richtigen politischen Stelle einbringen. Nur so lernen sie, wie Politik funktioniert und dass sie Dinge ändern können. Mein Projekt soll nachhaltig wirken und langfristig bei Jugendlichen Interesse an Politik und Engagement wecken.

Das sind drei Beispiele für die Arbeit mit den SchülerInnen. Die Themen sind natürlich noch vielfältiger: Sie reichen von „Berufsorientierung – Was ich mit Hauptschule werden kann?" bis hin zur Wirkung der Globalisierung auf die Ausbildungs- und Arbeitsplätze in der Region Nordschwarzwald. Wichtig ist, dass das Thema dem Alter der SchülerInnen entspricht und damit für sie greifbar und erlebbar ist. Die Ergebnisqualität wird natürlich maßgeblich durch die Begleitung der LehrerInnen geprägt. Es ist offensichtlich, dass das Engagement der Lehrer und ihre Bereitschaft und Neugier, sich auf ein neues Vorgehen im Unterricht einzulassen, den Schulalltag bereichert. Das Teilnahmezertifikat für Schüler und Lehrer dokumentiert und honoriert das besondere Engagement. Es ist extra für dieses Projekt entwickelt worden und wird von mir persönlich unterschrieben. Die SchülerInnen können das Zertifikat ihren Bewerbungsmappen beilegen.

Das Teilnahmezertifikat des Projektes

Junger Rat für Mast weckt weiteres Interesse an Politik

Die SchülerInnen bewerben sich häufig auch für ein Schnupperpraktikum in einem meiner Büros. Bei uns werden alle PraktikantInnen in den Tagesablauf integriert. Sie können mich vor allem zu allen

Terminen und Bürgergesprächen begleiten. Wir, dass heißt ich und mein Team, erklären die Zusammenhänge unserer Arbeit. Die Schüler-Innen bringen uns immer wieder den jugendlichen Blick von außen auf unsere Arbeit. Das ist spannend, vielfältig und bringt Schwung in unser Team.

Doch „Junger Rat für Mast" und die Schnupperpraktika sind nur zwei Wege meiner Politik mit und für junge Menschen. Darüber hinaus gibt es zahlreiche Schulbesuche, Podiumsdiskussionen für Jugendliche, Klassenfahrten zu mir nach Berlin, Schülerzeitungsinterviews, Girls Day und vieles mehr. Wer meine Politik kennen lernen will, hat viele Möglichkeiten. Der Dialog mit Jugendlichen ist notwendig, denn sie sind unsere Zukunft und viel zu wenig in die Willensbildung einbezogen.

Demokratie ist keine Selbstverständlichkeit

Das wissen wir aus vielen anderen Ländern dieser Erde, aber auch aus unserer Geschichte. Deshalb ist es meine Aufgabe als Abgeordnete, den Wert der Demokratie zu vermitteln. Dazu leistet „Junger Rat für Mast" einen wichtigen Beitrag. Zudem ist es auch meine Aufgabe als Politikerin, unsere Demokratie lebendig zu halten und BürgerInnen am politischen Prozess zu beteiligen. Auch hierfür ist der „Junge Rat für Mast" ein Instrument. Ich bin eine Freundin von mehr direkten Demokratieelementen durch Volksentscheide. Die Würze der Politik liegt darin, die Fragen zu stellen, über die abgestimmt wird. Und darauf können Bürger nur Einfluss nehmen, wenn sie am Politikprozess beteiligt sind.

Sie wollen mehr zu diesem Projekt wissen? Schauen Sie auf meiner Homepage www.katja-mast.de vorbei oder wenden Sie sich direkt an:

Sigune Wieland
Bürgerbüro Katja Mast, MdB
Goethestr. 35
75173 Pforzheim
Tel: (07231) 35 26 90
Email: katja.mast@wk2.bundestag.de

Meine Notizen und Ideen zum Thema:

PoliPedia.at – Jugendpartizipation im Zeitalter des Web 2.0

Christoph Leschanz, PoliPedia.at

Facebook, MySpace, Wikipedia und andere Web 2.0 Portale sind aus dem heutigen Alltag, vor allem aus dem Alltag junger Leute, überhaupt nicht mehr wegzudenken. Sowohl soziale Kommunikation als auch persönliche Informationsbeschaffung werden zu großen Teilen über das Internet abgewickelt; umso jünger der User, desto stärker diese Entwicklung. Das Internet ist damit auch für die politische Bildung und Sozialisierung von Jugendlichen außerordentlich bedeutend und trotzdem bisher eher vernachlässigt worden, auch wenn sich ein Trend in die entgegengesetzte Richtung abzeichnet.

Chancen des Web 2.0 selten für politische Bildung genutzt

Interessanterweise wurde, trotz wachsender Online-Angebote für junge Menschen im Bereich der politischen Bildung, das moderne Web 2.0 bisher kaum oder nur äußerst selten als Medium gewählt, um aktive Partizipation von Jugendlichen zu fördern oder überhaupt erst einmal anzuregen. Beinahe alle Dienste zur Informationsbeschaffung, ob von staatlichen Institutionen, privaten Stiftungen und Vereinen oder anderen NGOs, sind bereitgestellte Inhalte, die den User nicht einbinden. Broschüren oder Infomaterialien für Jugendliche gibt es viele, die Adressaten werden jedoch noch zu selten in deren Konzeption und Erarbeitung eingebunden. Auch das Internet wird in diesem Bereich bis heute als passive Informationsquelle verstanden – mit passiven Nutzern; ein Verständnis, welches eigentlich schon seit längerem überholt ist. Die durch die neuen Entwicklungen in der Computerbranche entstehenden Möglichkeiten der aktiven Einbindung der Benutzer in das Geschehen werden so gut wie nie ausgenutzt. Während Facebook und Co immer mehr Menschen auf der gesamten Welt erreichen, auch in immer ältere Bevölkerungsschichten vordringen

---

und aus der sozialen Kommunikation vieler Menschen gar nicht mehr wegzudenken sind, hat man es bisher übersehen, dass auch Informationsgewinnung und politische Partizipation mit einem ähnlichen Konzept funktionieren können und dabei ein ähnlicher Quantensprung an Beteiligung und Nutzerzahlen zu erwarten ist, wie es mit Social-Networks in den letzten Jahren bereits passiert ist.

PoliPedia.at: Politische Bildung von Jugendlichen für Jugendliche

PoliPedia.at versucht diese große Lücke zu schließen oder zumindest zu verkleinern. Es handelt sich dabei um eine multimediale Plattform zur politischen Bildung, deren Kern ein Wiki mit integrierten Blogs und Foren (sowie multimedialen Inhalten) ist, die von Jugendlichen selbst für andere Jugendliche erstellt werden. Das Projekt ist im Rahmen der Demokratieinitiative der österreichischen Bundesregierung („www.entscheidendbistdu.at") vom Demokratiezentrum Wien in Zusammenarbeit mit dem ICT&S Center der Universität Salzburg entwickelt worden. PoliPedia hat sich schon in

Screenshot der Startseite von PoliPedia.at

der Projektkonstitutionsphase als äußerst offen verstanden und junge Leute verschiedenen Alters in diesen Prozess eingebunden. Die österreichische Wahlaltersenkung auf sechzehn Jahre hat dazu geführt, dass diverse Projekte und Initiativen diese neuen, jüngeren Wähler informieren sollten – mit einem Ziel: Sie zu partizipierenden politischen Akteuren der Gesellschaft machen. PoliPedia versteht sich daher ganz selbstverständlich als überparteiliche Plattform, die sich der Förderung der politischen Bildung von vor allem jungen Menschen verschrieben und zu diesem Zweck eine zeitgemäße Online-Lösung entwickelt hat.

Öffentlich sichtbares Engagement motiviert zur weiteren Beteiligung

Doch wie regt man diese jungen Menschen an, die zum Teil kaum oder noch gar keinen Kontakt zur Politik haben? Wie ist es möglich, ihnen eine Plattform zu geben, in der sie selbst Bedeutung haben und nach geleisteter Arbeit auch Ergebnisse betrachten können? Gerade dieser Punkt hat sich als besonders wichtig herauskristallisiert, so die bisher gesammelte Erfahrung. Die Ohnmacht, die ein Jugendlicher gegenüber politischen Vorgängen nicht selten empfindet, kann und wird beispielsweise durch in der Schule (oder auch privat) durchgeführte Projekte verringert, jedoch löst sich dieser Effekt oft sehr schnell wieder auf. Wenn selbst gestalteten Plakate oder Interviews von den Wänden des Klassenzimmers verschwinden oder die Erinnerung verblasst, stellt sich wieder das Gefühl ein, nichts getan zu haben oder zumindest etwas getan zu haben, was nicht nachhaltig verwendet werden kann. Der erreichte, positive Partizipationseffekt wird wieder verringert, wenn nicht sogar zunichte gemacht.

Mit PoliPedia als unabhängiger und bleibender Plattform ist es unter anderem möglich, solche Projekte einer breiteren Öffentlichkeit zugänglich zu machen und zu bewahren, unabhängig davon, ob es sich um schulische oder private handelt. Es ist den jungen Menschen möglich, ihre Ergebnisse herzuzeigen, öffentlich zugänglich zu machen und das auch noch nach längerer Zeit und ohne großen Aufwand. Zudem können sie möglicherweise auch Kontakte mit anderen Jugendlichen schließen.

Christoph Leschanz

Kern der Web-2.0-Plattform PoliPedia.at ist ein Wiki-System, welches man als interaktives Hand- und Lehrbuch zur politischen Bildung verstehen kann. Jeder angemeldete User – und für eine solche Anmeldung benötigt man nur fünf Minuten Zeit und eine gültige E-Mail-Adresse – hat die Möglichkeit, selbst Artikel zu verfassen, andere Artikel zu ändern, zu erweitern, mit Bildern oder Videos zu versehen oder zu kommentieren. Er kann ebenso die Blogs der Seite verwenden und mit eigenen Einträgen versehen. Für reine Besucher der Webseite, jene, die also keinen eigenen Account besitzen, entfallen zwar die aktiven Möglichkeiten, jedoch können auch sie den gesamten Inhalt uneingeschränkt einsehen und benutzen. Es ist also auch für sie möglich, von dem bereitgestellten Angebot zu profitieren.

Screenshot eines Wiki-Beitrags

Jugendgerechte Sprache überbrückt thematische Distanz

Hinter diesem gewählten System steht die Idee, dass der Benutzer selbst aktiv wird, dass er seine passive Rolle als Informations-empfänger aufgibt und selbst zum Informationsschaffenden wird; dass er aktiv und damit die politische Partizipation gestärkt wird. Es soll erreicht werden, dass sich die jugendlichen Leser kritisch mit Themen beschäftigen und auch die Beiträge der anderen hinterfragen, um damit sowohl reflektives Bewusstsein für komplexe Thematiken in der Politik, als auch die Diskussionskultur zu fördern. Gleichzeitig wird durch die aktive Einbindung der jungen Leute eine altersgerechte Sprache und Formulierung erreicht. Schwierige und komplizierte Systeme und Themen, die für viele, zum Teil noch sehr junge Benutzer, nur schwer verständlich sind, werden in einfacheren Worten erklärt, als dies sonst der Fall ist. Durch die richtige Formulierung, die ‚jugendgerechte Sprache', soll eine Distanz überbrückt werden, die nicht selten einzig und allein durch lange und schwierige Sätze entsteht; Distanzen, die älteren und gerade politisch bewussten Personen oftmals nicht einmal auffallen. Gerade aus diesem Grund war bereits die Einbindung verschiedener Altersgruppen in der Anfangs- und Frühphase des Projektes außerordentlich wichtig. Die gemeinsam erarbeitete Struktur, die Themenrubriken, das Layout und auch die sogenannte „Netiquette" – eine Art Verhaltenskodex oder auch Spielregeln für die Benutzung der Seite, an die sich alle User ausnahmslos halten müssen (beispielsweise keine rassistischen, sexistischen oder verleumdenden Statements) – wurden in unterschiedlichen Workshops und Teams gemeinsam über mehrere Wochen erarbeitet und schlussendlich mit dem Projektstart umgesetzt.

Den Jugendlichen eine Stimme geben

In diesem Projekt stehen die Jugendlichen nicht nur im Mittelpunkt – sie sind tatsächlich das Projekt und ihre Artikel, Meinungen, Videos, Fotos, Interviews füllen PoliPedia. Man kann die Seite als unterrichtsbegleitendes Medium verwenden oder als persönliche, private Lehrmittelsammlung. Man kann sie als Diskussionsplattform ebenso nutzen wie als Präsentationsplattform für beispielsweise schon abgewickelte oder erst entstehende eigene Projekte. Das Poli-Pedia-Team bietet kostenlose Schulungen und Workshops an, um

Christoph Leschanz

verschiedenste Gruppen im Umgang mit der Plattform anzuleiten und hat es bereits in unterschiedlichsten Bildungseinrichtungen und Orten (Gymnasien, Universitäten, diverse fachspezifische Messen oder Kongresse) vorgestellt und eingeführt.

Die offene Architektur PoliPedias als multimediales kollaboratives Lehrbuch mit verschiedensten Wissensbausteinen erlaubt den Einsatz in diversen Sparten und Institutionen sowie in unterschiedlichster Frequenz und Häufigkeit. Ziel der Projektverantwortlichen und der „Power-Group" (siehe weiter unten) ist es natürlich immer, besonders aktive User zu finden und diese auch langfristig am Projekt beteiligt zu sehen; allerdings zeigen sich hier des Öfteren Schwierigkeiten. Die Erfahrung zeigt immer wieder, wie eng man mit den Jugendlichen arbeiten muss, um sie tatsächlich zur Partizipation zu bewegen. Es ist vor allem das eigene Selbstbewusstsein und -verständnis der potenziellen User, das hierbei sehr hinderlich sein kann. Häufige Fragen wie: „Was passiert, wenn ich etwas Falsches schreibe?", oder: „Bin ich für meinen Artikel verantwortlich?", zeigen recht deutlich, wie unsicher sich junge Menschen oft im Umgang mit Politik fühlen. Umso interessanter und wertvoller ist die anschließend oft eintretende

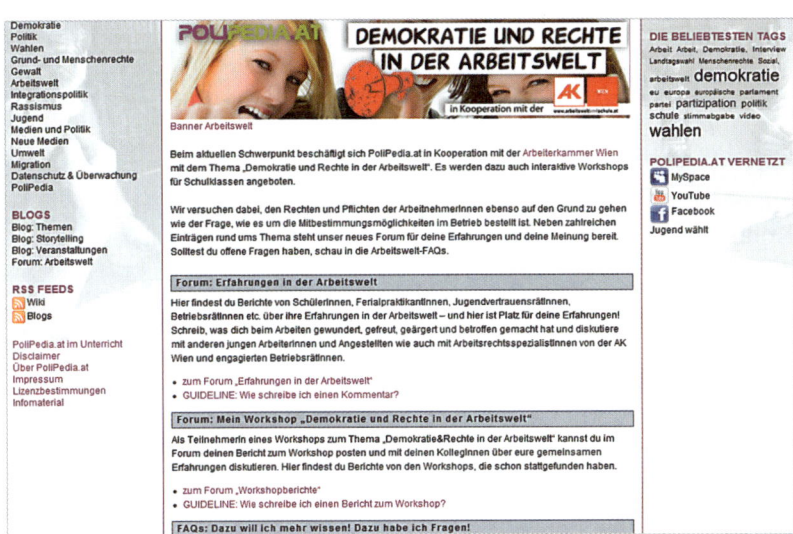

Screenshot eines Themenschwerpunktes

Erkenntnis, dass man tatsächlich selbst etwas zu sagen hat und dass man dazu auch steht. Sobald ihnen eine Stimme gegeben wird – und genau das ist das Ziel, das mit PoliPedia erreicht werden soll – wird diese nicht selten immer lauter und ist mit dem leisen und unsicheren Flüstern am Anfang kaum mehr vergleichbar.

Qualitätskontrolle durch die „Power-Groups"

Ein so offenes System benötigt natürlich auch eine Qualitätskontrolle und hierzu wurden die „Power-Groups" eingeführt. Dabei handelt es sich um Gruppen von Usern (so genannte „Power-User"), die ein kleines redaktionelles Team darstellen. Die bestehen aus Jugendlichen und Studenten, die den harten Kern von PoliPedia bilden und derzeit in Wien und Salzburg angesiedelt sind. Die Power-User haben sich dazu bereit erklärt und es zu ihrer Aufgabe gemacht, neu eingetragene Artikel auf ihre Richtigkeit (sowohl orthografisch als auch inhaltlich) zu überprüfen, Diskussionen anzuregen und/oder zu moderieren und dem Projekt immer wieder neue Impulse durch aktuelle Schwerpunktsetzungen (beispielsweise Schuldemokratie, Wie zeitgemäß/jugendgerecht ist die österreichische Verfassung, Europawahl, Landtagswahlen, etc.) zu geben. Die Power-Groups arbeiten außerdem eng mit dem Projektträger, dem Demokratiezentrum Wien zusammen, verstehen sich jedoch weniger als privilegierte Teilnehmer des Projekts, sondern eher als engagierte Helfer.

Es ist ganz klar, dass Politik für junge Menschen nicht die allerhöchste Priorität hat und nicht mit der Wichtigkeit der sozialen Kommunikation mit dem eigenen Bekannten- und Freundeskreis mithalten kann (beispielsweise durch diverse Social Networks). Darin unterscheiden sich Jugendliche allerdings kaum von Erwachsenen. Ebenso klar ist, dass die aktive Beteiligung in der Freizeit immer geringer sein wird, als wenn in Schulen mit PoliPedia gearbeitet wird (oder auch gearbeitet werden muss). Zentral ist jedoch die Erfahrung der eigenen politischen Stimme und Verantwortung sowie das Bewusstsein, selbst aktiver Teil einer politischen Gesellschaft zu sein. Hierzu ein Medium bereitzustellen, das auf die Bedürfnisse der jungen oder zukünftigen Wähler eingeht und sie genau dort abholt, wo sie sich tatsächlich aufhalten, nämlich zu einem oft großen Teil in virtuellen Räumen, soll durch die PoliPedia-Plattform erreicht werden.

Christoph Leschanz

Meine Notizen und Ideen zum Thema:

Die GRÜNE JUGEND als Beispiel für gelebte Demokratie

Gesine Agena, GRÜNE JUGEND

Jugendliche sind politik- und demokratieverdrossen. Sie sind nicht daran interessiert, ihr Umfeld selbst mitzugestalten. Sätze wie diese hört man nur allzu oft. Aber sind Jugendliche das wirklich? Ein Blick in parteipolitische Jugendorganisationen. Ein Blick in die GRÜNE JUGEND.

Als Beleg für die Behauptung, Jugendliche seien politikverdrossen, werden oft die Mitgliedszahlen von Parteien herangezogen. Um bewerten zu können, ob Jugendliche politisch interessiert sind, reicht es jedoch nicht, sich Eintrittszahlen in Parteien anzugucken. Denn nicht zuletzt die aktuelle Shell-Studie zeigt, dass Jugendliche zwar sehr wohl politisch interessiert sind, jedoch weniger am Engagement in einer Partei.

Mehr Mitbestimmung wagen

Die These, dass Menschen und insbesondere Jugendliche sich nicht für Politik interessieren wird leider häufig von denjenigen vorgetragen und wieder gegeben, die auch gar kein Interesse daran haben, dass möglichst viele Menschen an Demokratie partizipieren. So sind es Unternehmer, Politiker und Wissenschaftler, die uns Jugendliche zu einer politikverdrossenen Generation machen wollen. Natürlich nicht alle, aber einige. Dabei ist es genau andersherum: Natürlich interessieren sich junge Menschen für Politik und für Dinge, die ihr Leben bestimmen. Sie können nur viel zu selten mitbestimmen. Wie soll denn ein Kind lernen, was Demokratie ist, wenn es von Geburt an bis zum Ende des Studiums quasi nicht darüber entscheiden kann, wie es leben will und wie oder was es lernen möchte? Wie soll ein Mensch, wenn er oder sie mit dem Studium fertig ist, und einen Arbeitsplatz hat, mitbestimmen, wenn das nur alle vier Jahre bei Wahlen möglich ist? Eine Demokratie braucht Menschen, die partizipieren und unsere Demokratie bietet diese Partizipation nicht.

Schon Kinder müssen lernen, dass Demokratie nur funktioniert, wenn sie selbst mitmachen. Wir brauchen darum demokratische Schulen, in denen Kinder und LehrerInnen entscheiden können, was und wie gelernt werden soll. Wir brauchen mehr Mitbestimmung in Betrieben und mehr direkte Demokratie in der Politik. Unter anderem dafür kämpfen wir in der GRÜNEN JUGEND zusammen mit den GRÜNEN und das wirkt.

GRÜNE JUGEND im Aufwind – besonders im Wahlkampf

Die GRÜNE JUGEND hatte Ende des Jahres 2010 ca. 8500 Mitglieder. Da es vor zwei Jahren nur ca. 6000 waren, bedeutet dies, dass wir innerhalb von zwei Jahren einen Mitgliederzuwachs von 20 Prozent hatten. Das ist ein Erfolg für uns und für BÜNDNIS 90/ DIE GRÜNEN. Außerdem zeigt es, dass es viele Jugendliche gibt, die sich engagieren möchten. Sich engagieren heißt bei uns, dass wir uns treffen, diskutieren, Seminare und Aktionen organisieren, sei es auf Bundesebene, auf Landesebene oder in Basisgruppen. Und es bedeutet, dass wir zusammen Demokratie leben.

Die Grünen und die GRÜNE JUGEND legen – dem allgemeinen Abwärtstrend zum Trotz – in ihren Mitgliedszahlen zu. Woran liegt das? Gewachsen ist die GRÜNE JUGEND vor allem im Wahlkampf, was vollkommen normal ist. Denn natürlich ist während eines Bundestagswahlkampfes die Politik – und zwar fokussiert auf wenige Parteien – stark in den Medien und in der Öffentlichkeit. Im Bundestagswahlkampf 2009 hat die GRÜNE JUGEND eine Kampagne geführt, die sich sehr stark an junge Menschen richtete. Wir haben nicht nur viel Werbung im Internet gemacht, sei es auf der Homepage, in Blogs, in sozialen Netzwerken wie Facebook, Twitter und Co. Wir haben vor allen Dingen auch Straßenwahlkampf gemacht. Wenn junge Menschen auf die Straßen gehen und sich damit einsetzen gegen den Klimawandel, Atomkraft und für erneuerbare Energien, gegen Ausbeutung und für einen Mindestlohn, gegen Nazis und für mehr Demokratie und Offenheit, dann macht das Eindruck und zwar besonders auf junge Menschen, die oftmals gar nicht wissen, wie sie sich engagieren sollten, wenn sie denn wollten. Wahlkampf politisiert – auch Jugendliche.

„Mitmachverein" mit flachen Hierarchien und offenen Strukturen

Die GRÜNE JUGEND ist aber nicht in erster Linie im Wahlkampf aktiv. Wir sind vor allen Dingen ein „Mitmachverein". So versuchen wir mit möglichst niedrigschwelligen Angeboten so vielen Menschen wie möglich die Chance zu geben, Politik in unserem Verband selbst mitzugestalten. Das kann in Basisgruppen sein, auf Demos oder auf bundesweiten Veranstaltungen. Im Gegensatz zu allen anderen partei-politischen Jugendorganisationen haben wir auf unseren zweimal im Jahr stattfindenden Bundeskongressen kein Delegiertensystem. Ein solches legt normalerweise fest, wie viele junge Menschen aus einer Region an Bundeskongressen teilnehmen dürfen, alle anderen sind nicht eingeladen. Bei uns ist das anders: Bei uns kann jedes Mitglied den Bundeskongress besuchen, mit diskutieren und mit abstimmen.

Gesine Agena auf der Bundesdelegiertenkonferenz der GRÜNEN

Gesine Agena

Das ist auch ein Grund dafür, warum in der GRÜNEN JUGEND im Vergleich zu anderen Jugendorganisationen zwar relativ wenige Mitglieder, dafür jedoch kaum „Karteileichen" und stattdessen besonders viele aktive PolitikerInnen sind.

Die GRÜNE JUGEND hat weitere strukturelle Voraussetzungen, die es Neumitgliedern und jungen Interessierten leicht macht, mitzumachen und sich ernst genommen zu fühlen. Unsere Mitgliedschaft endet mit 28 statt mit 35, klingt hart, ist aber sinnvoll.

Der Zeitraum, in dem jemand im Bundesvorstand ein Amt bekleiden darf, sei es als SprecherIn, als politischeR GeschäftsführerIn oder als SchatzmeisterIn, ist auf zwei Jahre begrenzt, damit eine Verkrustung der Arbeit verhindert wird. Das bedeutet zwar, dass sich oft neue Menschen im Bundesvorstand einarbeiten müssen. Es bedeutet aber auch, dass wir möglichst vielen die Chance geben, sich dort zu engagieren. Wir verhindern, dass Macht auf lange Zeit bei einer Person liegt und sorgen dafür, dass Strukturen weniger festgefahren sind als bei anderen.

In der GRÜNEN JUGEND kann jedeR Mitglied werden, ohne in die Partei eintreten zu müssen. Viele Jugendliche überlegen länger, ob sie einen solchen Schritt gehen wollen, bei uns gibt es diese Hürde nicht. Weniger als die Hälfte unserer Mitglieder sind Mitglied bei BÜNDNIS 90/DIE GRÜNEN. So fällt es vielen jungen Menschen leichter, erstmal die Jugendorganisation auszutesten.

Wir haben, und das ist uns besonders wichtig, eine harte Frauenquote, die Mädchen und Frauen in ihrer politischen Arbeit unterstützt und fördert. Denn Männer verdienen in der Wirtschaft immer noch im Schnitt 23 Prozent mehr als Frauen, sie sind auch in der Politik viel stärker vertreten als Frauen, Männer dominieren die Gesellschaft und die Öffentlichkeit, obwohl Frauen mindestens genauso gut Politik machen können. Es sind die Strukturen und die Rollenbilder, die sie daran hindern. Damit brechen wir, und sagen: Mindestens 50 Prozent der Macht den Frauen!

Dies sind Alleinstellungsmerkmale für die GRÜNE JUGEND im Vergleich zu anderen Jugendorganisationen. Und sie sind die Gründe dafür, warum die GRÜNE JUGEND sich ständig selbst erneuert.

Wir machen Politik in Strukturen, die nicht so sind, weil „das immer schon so war", bei uns gibt es flache Hierarchien und eine hohe Mitmachquote.

Genau das braucht die Demokratie. Damit Macht nicht in den Händen einiger weniger konzentriert ist. Damit alle ihr Leben und ihr Umfeld selbst gestalten können.

Bevor wir auf dem letzten Bundeskongress unser neues Grundsatzprogramm beschlossen haben, hat jemand, der es gelesen hatte, etwas erstaunt gesagt: „Mensch, bei euch hat man richtig das Gefühl, dass ihr wirklich etwas verändern wollt". Und das stimmt. In unserem Grundsatzprogramm machen wir deutlich, wie wir Politik machen wollen, als GRÜNE JUGEND und als Teil der jungen Generation.

Mitglieder der GRÜNEN JUGEND vor dem Aufbruch in den Bundestagswahlkampf 2009

jung. grün. stachlig. – das Motto der Grünen Jugend

jung. grün. stachlig. – So lautet das Motto der GRÜNEN JUGEND. Doch wir sind weit mehr, als diese drei Worte ausdrücken können. Unser Verband ist vielfältig, voller unterschiedlicher Menschen und Ideen. Dennoch sind sie Ausdruck unserer Politik:

jung. – weil wir Teil der jungen Generation sind, die sich für eine gerechte Gesellschaft einsetzt, die Teilhabe an politischen Prozessen wahrnimmt und einfordert, und die keine Lust auf althergebrachte Denkmuster und festgefahrene Strukturen hat. Unsere Generation wird oft als egoistisch, politikverdrossen und angepasst beschrieben. Wir aber kommen zur GRÜNEN JUGEND, um gemeinsam etwas zu bewegen!

grün. – weil wir aus der Tradition der grünen Bewegungen kommen. Die zunehmende Zerstörung unserer natürlichen Lebensgrundlagen ist einer der Gründe, weshalb wir politisch aktiv sind. Dabei bedeutet „grün" für uns mehr als Umweltpolitik. Wir sind ökologisch, sozial, basisdemokratisch, emanzipatorisch, antirassistisch, antinational, gewaltfrei, globalisierungs- sowie kapitalismuskritisch und denken global!

stachlig. – weil wir unbequem sind, den Finger in die Wunde legen und Ungerechtigkeiten anprangern. Wir wollen mehr als nur Denkanstöße geben und auf Probleme aufmerksam machen. Wir finden uns nicht ab mit einfachen Antworten oder gut gemeinten Kompromissen. Wir stellen die herrschende Politik kritisch in Frage und entwickeln Visionen für eine bessere Welt!

Einladung zum Mitmischen

Unser Denken und Handeln ist geprägt von der Erkenntnis, dass das Private politisch und das Politische auch privat ist. Wir setzen uns ein für eine andere Politik, aber auch für aktive Veränderungen in der Gesellschaft. Wir bleiben nicht auf der theoretischen Ebene, sondern handeln auch unseren Überzeugungen entsprechend. Wir blockieren Naziaufmärsche, befreien Menschen und Natur von Atom-, Kohle- und Gendreck, protestieren gegen Sozialabbau, werben für Fairen Handel, organisieren Seminare und fordern Frauen auf, Banden zu bilden. Wir leben Gleichberechtigung, Toleranz, demokratische Partizipation, Transparenz und Offenheit in unseren Strukturen und unserer Arbeit.

Menschen kommen in die GRÜNE JUGEND, weil sie den Anspruch haben, sich nicht mit bestehenden Ungerechtigkeiten der Realität zufrieden zu geben. Weder mit dem Klimawandel, der schon jetzt massiv die Umwelt zerstört und der viele Millionen Menschen im globalen Süden ihrer Lebensgrundlage beraubt. Noch wollen wir uns zufrieden geben damit, dass so vielen Menschen die Teilhabe an der Gesellschaft verwehrt wird, sei es, weil sie keine deutsche Staatsangehörigkeit haben, sei es, weil sie keine gute Bildung oder Ausbildung bekommen haben. Wir wollen, dass allen Menschen, egal, welcher Hautfarbe oder welchen Geschlechts, egal, wo sie geboren wurden und welcher Religion sie angehören, Chancengerechtigkeit gegeben wird. Zur GRÜNEN JUGEND kommen junge Menschen, die den Anspruch haben, die ganze Welt mit ihrem Handeln zu verändern.

Für mich ist die GRÜNE JUGEND damit ein Beispiel in der Ausgestaltung der Demokratie. Wir laden alle herzlich ein, bei uns mitzumischen.

Meine Notizen und Ideen zum Thema:

_____

_____

_____

_____

_____

_____

_____

_____

_____

_____

_____

_____

_____

_____

_____

_____

_____

IV. Förderung jugendlicher Partizipation – die internationale Perspektive

Youth Engagement in the United States – Major Trends, Challenges and Promising Practices

Abby Kiesa, Center for Information and Research on
Civic Learning and Engagement (CIRCLE)

CIRCLE was started in 2001 in response to concern from older generations about the youth voter turnout rate, and was charged with tracking the civic participation of young Americans. Since CIRCLE's founding, we have used a broad definition of civic engagement, for many reasons, but most importantly to capture all that youth may view as engagement. As a result, our work tracks many venues and activities, all of which cannot be summarized in this piece. As a result, I have chosen four areas and trends to focus on: Inequality of Opportunity and Participation, Making the Ask, In Schools, and Real Youth Voice.

Inequality of Opportunity and Participation

The first, and probably the most significant theme and challenge in youth civic engagement in the United States today is the large inequality of opportunity provided to youth who have at least some college experience compared to their peers with no college experience.[1]

In fact, among 18- to 29-year-olds in the United States, roughly half do not have any college experience.[2]

---

1 Specifically, this definition of having college experience includes any young person between the ages of 18 and 29 who is not currently attending college and has not graduated, but at some point took a class at and/or enrolled in a two- or four-year college.

2 For more information on the breakdown of young people in the United States by educational experience, see Kiesa et al. 2009.

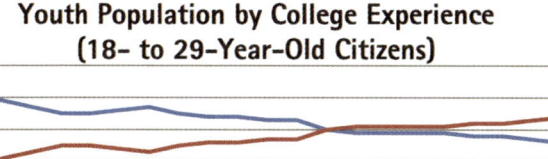

Youth Population by College Experience
(18- to 29-Year-Old Citizens)

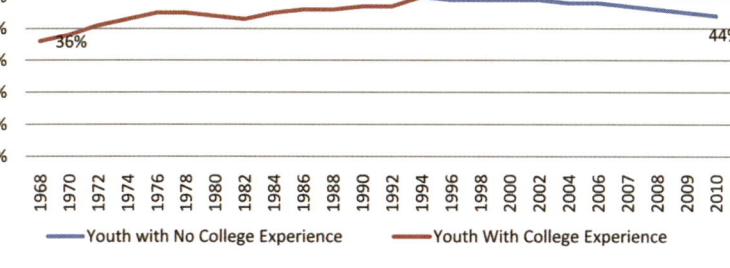

— Youth with No College Experience — Youth With College Experience

Source: Tabulations from the Current Population Survey, March
(Demographic) Supplement 1968-2010

The result of this inequality of opportunity is a subsequent difference in participation rates. The overall effects are many, though the most concerning effect is that many communities and public policies are built with little input from a considerable group of young people. For more discussion of the differing civic opportunities provided to young people who do not have college experience see Flanagan et al. 2009.

Civic Engagement (Ages 20-29) by College Experience

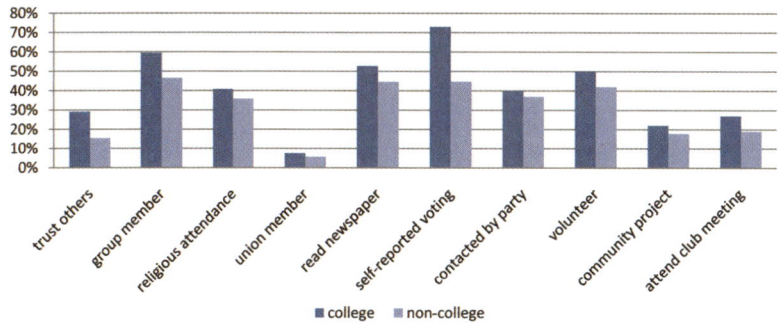

■ college ■ non-college

Source: CIRCLE analysis of General Social Surveys, National Election Surveys and
DDB Life Style Surveys

Young people without college experience in the U.S. are more likely to be youth of color and men. This gap in formal educational experience can be seen, to some extent, as an economic gap given the cost of higher education in the United States. Young people without college experience are more likely to be unemployed than their peers with at least some experience.

College Experience by Race/Ethnicity (18- to 29-Year-Old Citizens)

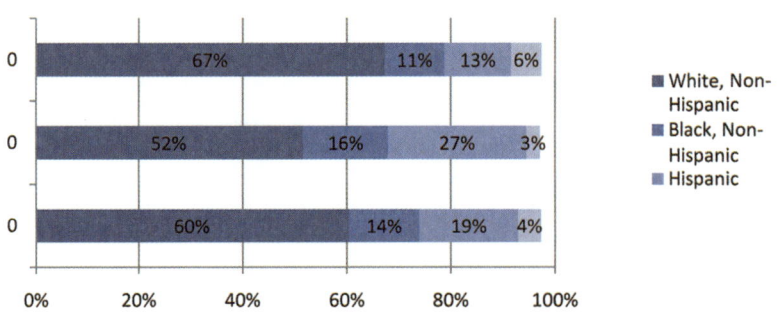

Source: 2010 Current Population Survey (CPS) Basic March Supplement analyzed by CIRCLE

Unemployment by College Experience (18- to 29-Year-Olds)

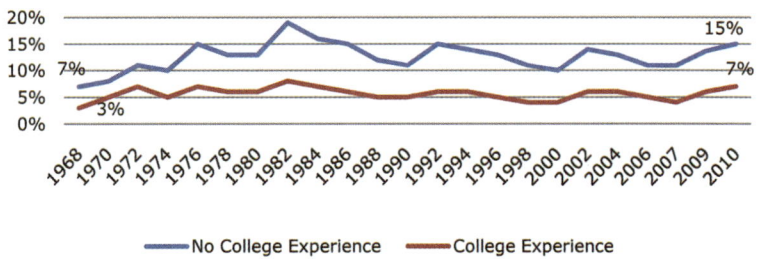

Source: Current Population Survey (CPS) March Supplements 1968-2010

More research needs to be done regarding the correlation between college courses and college experiences and higher civic participation.

However, there is some existing research that starts to explain this relationship. To start, this inequality does not begin after youth enter college. In fact, rigorous research has shown that while in high school youth are more likely to have any sort of civic learning experiences or civic engagement opportunities if they are white, in a school district that is of higher than average socio-economic status, and/or the student is on the path to go to college. In effect, this inequality contributes to a system of cumulative civic inopportunity. Those young people who then have the opportunity to step on to a college campus find institutionalized opportunities and resources there to begin or continue their engagement. For example, it was after the mid-1980s in the United States when campus centers for community service, service-learning and civic engagement really started to become commonplace on college and university campuses. These offices and programs are supported by at least two streams of federal funding (Learn and Serve America and Community Service Federal Work Study) and a large network of non-governmental organizations (ex. Campus Compact, American Democracy Project, Student Public Interest Research Groups). Comparatively, the amount of public and NGO investment in the civic engagement of youth (ages 18-29) not on a college campus is low. In focus groups that CIRCLE has conducted with young people with no college experience, we heard this dynamic mentioned several times. Specifically, a young person in Little Rock, Arkansas pointed out:

„It's so weird how, like, people look at Little Rock and they say 'why is Little Rock like this?', but yet all of us at this table, couldn't even like name an opportunity where we were asked to do something for the community... It don't add up, in my opinion."

It is our hope that over the next ten years more research will be conducted to explain the relationship between higher levels of education and higher levels of civic engagement. I'd like to share two ways in which, in the current situation, this civic inequality can be reduced.

The first area that has shown promise with engaging young people with no college experience is through long-term participation in full-time programs that include civic, leadership, education and job training components. The most well-known form of this in the United States is YouthBuild USA.

YouthBuild USA is a youth and community development program that simultaneously addresses core issues facing low-income communities: housing, education, employment, crime prevention, and leadership development. In YouthBuild programs, low-income young people ages 16-24 work toward their GEDs or high school diplomas, learn job skills and serve their communities by building affordable housing, and transform their own lives and roles in society.[3] While YouthBuild USA is an NGO, the model has also been funded federally. The national YouthBuild NGO serves as a support and technical assistance center for the hundreds of YouthBuild sites across the U.S.[4]

Another way to increase civic participation among non-college youth is by reducing the institutional barriers to civic participation. For example, election law has been shown to impact youth voting rates quite a lot. Laws that allow longer polling hours, that send sample ballots to registrants, that allow youth to register to vote earlier, can affect the rate of youth voter turnout in a given state. The state law that has been shown to have the largest effect on youth voting is Election Day Registration. Since there is no universal or automatic voter registration in the U.S., citizens must go through the process of registering to vote once they are eligible. Roughly one-fifth of states have now enacted Election Day Registration (EDR), allowing a person to register and vote on the same day. Anecdotal evidence suggests that young people are very likely to use this opportunity (CIRCLE 2010). Quantitative analysis has shown that a state's youth voter turnout, on average, could be as much as fourteen percentage points higher if it has EDR (Fitzgerald 2003). More specifically, in 2008, the voter turnout rate for young people with no college experience was ten percentage points higher in states with EDR when compared to states without EDR (45 % vs. 35 %) (Kawashima-Ginsberg et al. 2009). The current infrastructures set-up to support youth civic engagement in the

3 http://www.youthbuild.org/site/c.htIRI3PIKoG/b.1223921/k.BD3C/Home.htm

4 http://www.hud.gov/offices/cpd/economicdevelopment/programs/youthbuild/

Abby Kiesa

United States do not develop the participation of all young Americans. Instead, the system leads some youth to opportunities for participation and voice in their communities, while other youth have very few if any of these opportunities.

Making the Ask: Voting and Local Engagement

An ongoing tension in US policy and programming aimed at civic engagement is between the emphasis on voting and local, community-level engagement. Between 1972 and 2000 youth voting was on the decline. At the same time, however, surveys indicated increasing participation among young people in local community service and volunteerism. Many theories have been shared trying to explain this dynamic – are young people attracted to local activities for specific reasons, or did young people actively turn away from the political system? I believe one trend/lesson deserves highlighting: both research on youth voting and youth volunteering show that a young person is more likely to participate if they are asked to do so.

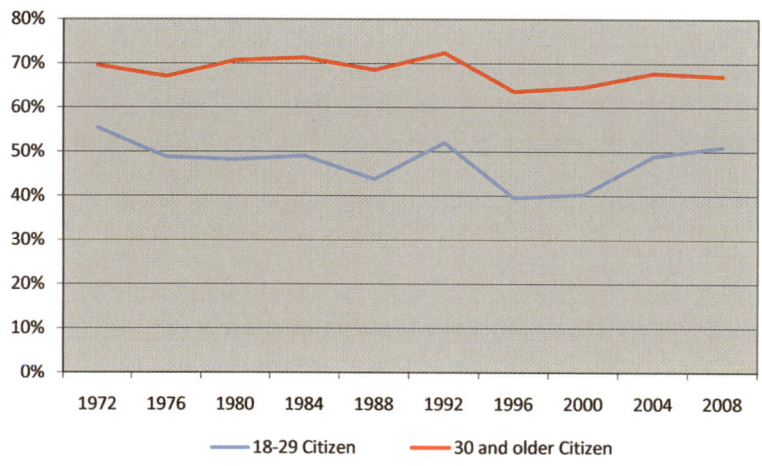

Voter Turnout by Age in Presidential Elections

Source: CIRCLE analysis of Census Current Population Survey November Supplement 1972-2008

Between 2000 and 2008, the youth voting rate was on the rise in the U.S. It was in the 2004, 2006 and 2008 elections that a great deal of attention was paid to young voters. In 2004 over $40 million was invested in non-partisan youth voter turnout (Walker 2006). A major difference in the 2008 election was the attention that national parties paid to youth outreach.[5] The investments made between 2004 and 2008 led to valuable experimental research proving that young people respond to voter outreach (CIRCLE & Young Voter Strategies 2006).

Unfortunately, in the 2010 midterm elections, preliminary voting estimates suggest that young people may once again be caught in a cycle of neglect – political campaigns may not pay attention to them, so young people are not motivated to vote for those who don't reach out to them, and so on. The election of 2008, some thought, taught parties and politicians that outreach to young people can be useful and cost-effective, however many practitioners found that this message was not put into practice in 2010 (Baker 2010).

On the other hand, there has been a steady and consistent amount of time and resources invested in asking and encouraging youth volunteerism in local communities (This funding stream is more permanent than that which funds youth-specific voting efforts). The support for youth volunteerism and community service has come from different sources than youth voting support: the Corporation for National and Community Service and educational institutions. Community service requirements for high school graduation are commonplace in the U.S. As was mentioned earlier, it's rare to find a college campus without an office supporting local volunteering. Similar to voting, research finds that youth are likely to participate if asked (Kirby et al. 2009). In 2010, these and other programs were further supported by a major federal investment in the Corporation for National and Community Service. Among many other investments, the Edward Kennedy Serve America Act:

- Was fully funded, at the level of President Obama's request, at $1.149 billion, a historic funding increase

- Increased Americorps by 75,000 positions to 250,000 by 2017

---

5 *http://www.nytimes.com/2007/10/08/us/politics/08web-nagourney.html?_r=1*

Abby Kiesa

- Established a Summer of Service program to provide $500 education awards for rising 6th-12th graders.[6]

Specific details of this legislation and the programs it supports can be found on the CNCS website – www.nationalservice.gov.

In Schools

In 2002, CIRCLE partnered with the Carnegie Corporation of New York to publish the Civic Mission of Schools, a document informed by researchers, teachers, education administrators and funders. This report laid out six 'Promising Practices' for bringing civic education into pre-secondary grades. The promising practices are:

- Provide instruction in government, history, law, and democracy ("However, schools should avoid teaching only rote facts about dry procedures, which is unlikely to benefit students and may actually alienate them from politics")

- Incorporate discussion of current local, national, and international issues and events into the classroom, particularly those that young people view as important to their lives (This is also something we found with older youth)

- Design and implement programs that provide students with the opportunity to apply what they learn through performing community service that is linked to the formal curriculum and classroom instruction

- Offer extracurricular activities that provide opportunities for young people to get involved in their schools or communities

- Encourage student participation in school governance

- Encourage students' participation in simulations of democratic processes and procedures (Gibson & Levine 2004).

6 *"Edward M. Kennedy Serve America Act of 2009" http://www.nationalservice.gov/about/serveamerica/index.asp*

While the research foundation for these promising approaches to civic education is strong, we are concerned that teachers are not adopting these practices. Moreover, research suggests that students are receiving unequal levels of civic education based on their socio-economic background. The third promising practice above is supported by CNCS programming area Learn and Serve America, which supports community service embedded as learning opportunities. Learn and Serve America activities are often connected to the classroom. In 2004, just short of five million youth were involved in opportunities connecting community service and the curriculum in this way.[7] More often young Americans are exposed to civic topics through history, social studies and civics courses. A state policy scan in 2006 found that 49 states and the District of Columbia have standards for a civic area, but 25 states have "statutory assessments."

This policy scan specifically points out that while half of U.S. states may test in the civics area, this testing more often than not is of civic knowledge only, rather than including civic skills (such as communication, organizing people and critical thinking) and dispositions (Lennon 2006; Kirlin 2003).

Major federal education legislation passed during the George W. Bush administration, called No Child Left Behind (NCLB), has been accused of pushing out social studies in an effort to boost student math and reading abilities. CIRCLE looked into this question specifically and found that only for the youngest Americans is it the case that the amount of civics being taught has decreased (it had slightly increased over the past ten years in high schools). In grades one through five, the time devoted to social studies/civics has decreased over the past ten years, starting before NCLB was passed. This decline is on top of the previously referenced inequality of opportunity provided to students depending on their income, race/ethnicity and college plans. The result is a lack of consistency in the socialization of young Americans to how democracy, or even their communities, works.

---

7 *http://servicelearning.org/what_is_service-learning/faqs/index.php#16*

Abby Kiesa

Real Youth Voice

In many of the areas already mentioned in this article a component of successful youth engagement has been youth voice. Both in and out of the classroom, research shows that young people are more likely to engage with activities and programs in which they have some "voice" or some say in what is done. In the classroom this may manifest in youth choosing what issue(s) to work on or talk about; outside the classroom, this often manifests in "youth ownership" of a project or with control over what happens during the project (CIRCLE 2003; RMC Research Corporation 2008).[8]

A growing section of the youth civic sector is "youth organizing" initiatives.[9] These initiatives are built on the concept of youth voice and ownership – from picking the issue to focus on to getting the support to make change happen in their community. Often it is a very locally based initiative with staff support.

Another way that youth voice has manifested in civic engagement opportunities is through youth involvement in local governance. This model recognizes youth as stakeholders in a given community, creating an infrastructure to integrate youth into local governance. The most famous example of this is in Hampton, Virginia. Supported by a local nonprofit, young people engaged as:

- City Planners

- Part of the work of many agencies (Police, Parks & Recreation, neighborhood groups)

- Members of school principal and superintendent advisory groups

- A Youth Commission, representative of youth in the city that meets monthly and reports to the City Council.

---

8 *Outside of classroom see Brown et al. 2009.*

9 *For one definition of youth organizing see http://www.fcyo.org/aboutyouthorganizing*

For more information on this particular model of youth voice in local governance, see Sirianni 2005.[10]

There are many ways in which youth can engage in their communities and civil society in the United States – in social studies classes, by performing community service activities, and through national and local political activities. Research shows that these activities produce positive youth outcomes. However, these venues are not distributed equitably and many youth do not have the opportunity to benefit from this sort of participation. It will take increased commitment on the part of practitioners, researchers, funders and policymakers to strengthen, build and re-align opportunities for all youth to play a contributing role in the communities in which they live.

10 In addition, the National League of Cities has many resources on the subject: http://www.nlc.org/iyef/ youthdevelopment/youth_participation/index.aspx

Abby Kiesa

References

Baker, Biko 2010: Confessions of a Young Organizer: Why the Democrats Lost the Midterm Elections.
http://www.huffingtonpost.com/biko-baker/confessions-of-a-young-or_b_779683.html

Brown, Dustin; Larson, Reed W.; Wood, Jane R. 2009: How Adolescents Come to See Themselves as More Responsible Through Participation in Youth Programs. Child Development, (80) 1, Oxford: Wiley-Blackwell, 295-309.

CIRCLE (Hrsg.) 2010: Effects of Election Day/Same Day Registration on the Youth Vote. Around the CIRCLE, (1), Medford: CIRCLE.

CIRCLE; Young Voter Strategies (Hrsg.) 2006: Young Voter Mobilization Tactics – A compilation of the most recent research on traditional & innovative voter turnout techniques.
http://www.civicyouth.org/PopUps/Young_Voters_Guide.pdf

CIRCLE; The Carnegie Corporation of New York (Hrsg.) 2003: The Civic Mission of Schools. Medford/New York.

Fitzgerald, Mary 2003: Easier Voting Methods Boost Youth Turnout. CIRCLE Working Paper #1, Medford: CIRCLE.

Flanagan, Constance; Levine, Peter; Settersten Richard 2009: Civic Engagement and the Changing Transition to Adulthood. Medford: CIRCLE.

Gibson, Cynthia; Levine, Peter 2004: The Civic Mission of Schools. CIRCLE and The Carnegie Corporation of New York (Hrsg.), Medford/New York.
http://www.cms-ca.org/CivicMissionofSchools.pdf

Kawashima-Ginsberg, Kei; Nover, Amanda; Kirby, Emily Hoban 2009: CIRCLE fact sheet: State Election Law Reform and Youth Voter Turnout. Medford: CIRCLE.

Kirlin, Mary 2003: The Role of Civic Skills in Fostering Civic Engagement. CIRCLE Working Paper #6, Medford: CIRCLE.

Kiesa, Abby; Marcelo, Karlo Barrios 2009: CIRCLE fact sheet: Youth Demographics – Youth with No College Experience. Medford: CIRCLE.

Kirby, Emily Hoban; Marcelo, Karlo Barrios; Kawashima-Ginsberg, Kei 2009: CIRCLE fact sheet: Volunteering and College Experience. Medford: CIRCLE.

Lennon, Tiffani 2006: Citizenship Education Policy Brief, Education Commission of the States.
http://www.ecs.org/html/IssueSection.asp?issueid=19&s=What+States+Are+Doing

Sirianni, Carmen 2005: Youth Civic Engagement: Systems Change and Culture Change in Hampton, Virginia. CIRCLE Working Paper #31, Medford: CIRCLE.

RMC Research Corporation 2008: Standards and Indicators for Effective Service-Learning Practice.
http://servicelearning.org/instant_info/fact_sheets/k-12_facts/standards

Walker, Tobi 2006: Make them pay attention to us: Young voters and the 2004 election. National Civic Review (95) 1, 26-33.

Meine Notizen und Ideen zum Thema:

_____

_____

_____

_____

_____

_____

_____

_____

_____

_____

_____

_____

_____

_____

_____

_____

_____

Fostering Youth Civic Engagement in France: Challenges and Promising Practices

Olivier Toche
Institut national de la jeunesse et de l'éducation populaire (INJEP)

The Institut national de la jeunesse et de l'éducation populaire (INJEP) is the French National Institute for Youth and Non-formal Education.

INJEP is a public funded organisation under the umbrella of the Ministry for Youth. The Institute is based in Paris since its relocation from Marly-le-Roi, West of Paris, in May 2010.

It carries out three main functions:

- research and studies on youth and youth policies,

- collection and dissemination of resources for youth workers and youth policy makers,

- implementation of the "Youth-in-Action (YIA)" European Programme through its "Agence française du programme Jeunesse en action (AFPEJA)" department.

Observing Youth Civic Engagement Practices: a Challenge Stemming from INJEP's Own Objectives

INJEP provides expertise and policy evaluation on youth issues to government, local authorities and non-governmental organisations. It publishes qualitative and quantitative surveys and studies on youth matters.

It promotes dialogue between government, public administration, NGOs («associations»), researchers (sociologists/economists/political scientists) and local authorities.

As «Agence française du programme européen jeunesse en action», INJEP gives grants to organisations submitting projects related to intercultural youth exchanges or implementing the European Voluntary Service (EVS), helping both sending and hosting structures. The program is carried out in partnership with the other 26 European national YIA-agencies, EFTA countries (Iceland, Norway, Switzerland), EU-candidate countries and neighbouring partner countries. Each year it enables more than 11.000 French young people, aged 13 to 30 years, to gain experience in mobility and intercultural relations. Thereby, it leads the way to mutual understanding in a wider Europe and sets the grounds for a common European citizenship.

Since its creation, INJEP supports and pursues the following values and goals:

• strong belief that investing in young people is and should be a top-priority,

• emphasis on out-of-school education – what is called in French "éducation populaire" –, put in action by professional or voluntary youth workers, within youth organisations, youth centres or within the framework of local authorities' initiatives, targeting young people regardless of their credentials,

• need for enhancing young people's skills through both formal and non-formal education (i.e. scholar and extra-scholar curricula), leaving room for trials and experiments, taking into account cultural and artistic practices as well as other practices, and empowering them through active citizenship, encouraging participation in youth forums, e.g. "conseils d'enfants", "conseils de jeunes", etc.,

• favouring policies reducing early school dropout, smoothening the transition between education and labour market, and strengthening opportunities for mobility inland and abroad.

Youth civic engagement in France has long been a research topic and the focus of studies carried out by INJEP. Theses studies show a contrasted picture.

Youth Civic Engagement in France: a Contrasted Picture

Youth turnout in French elections is always particularly low, with the exception of the 2nd ballot of the presidential elections in 2002, when the choice between the incumbent president Jacques Chirac and his extreme-right challenger Jean-Marie Le Pen was at stake.

Voting is no longer considered as a duty to be performed regularly but as a right, exercised intermittently, depending on the issues discussed. There is a severe drop in political parties and unions participation and a confirmed and widespread disdain for politicians (Tournier 2009).

According to a survey conducted in September 2010 by the polling institute Ifop and the newsletter La lettre de l'opinion (commissioned by the Ministry for Youth), young people trust firstly in themselves by an overwhelming 93 %, then in their family by 91 %, they have a rather good opinion on NGOs which they trust by 66 % but much less in government (14 %) and political parties (only 9 %).

% of confidence among 16-30 year-old youth in ...	they rather trust	they rather distrust
Themselves	93 %	7 %
Family	91 %	9 %
Non-profit organisations	66 %	34 %
Unions	35 %	65 %
Government	14 %	86 %
Political parties	9 %	91 %

Source: baromètre jeunesse, la lettre de l'opinion pour le ministère de la jeunesse et des solidarités actives, September 2010

Olivier Toche

A recent survey on young people´s values, published in November by INJEP (Roudet 2010), shows that French people aged 18-29 years have a surprisingly growing interest in political issues than previous investigations pointed out, though still not in political parties. They express new forms of active engagement like petitioning, demonstrations, concerts for a cause, Facebook rallies ("apéros géants"), «flashmobs» … a trend which is confirming earlier studies by sociologists Pierre Bréchon (Bréchon 2001) and Anne Muxel (Muxel 2010).

Forms of political actions exercised by 18-29 year-old	1981	1999	2008	2008 (> 30yrs)
Petitions	47	62	64	64
Demonstrations	34	41	48	40
Boycott	14	9	16	15
Strikes	7	3	5	12

Source: enquête sur les valeurs des Français, ARVAL, 2008.
Analyse secondaire sur la tranche 18-29 ans réalisée par l'INJEP.

The same survey shows a trend towards radicalisation. When asked to which side of the political spectrum they incline, 13 % of young people chose the extreme left in 2008 as compared to 7 % in 1999. Only 8 % refused to answer the question, as opposed to 24 % in 1999. Another indication is that 1 out of 4 (24 %) favour radical action to change society against a mere 8 % in 1999.

To counter this growing mood and foster active citizenship in France, the Government flagship initiative focused on setting up and boosting a new form of civic service replacing scattered measures previously dedicated to a very small number of young volunteers.

The New French Civic Service: a Bipartisan Legislation Dedicated
to Fostering Young People's Civic involvement

A new law with the aim of fostering young people's civic involvement was passed almost unanimously in both Houses (Assemblée nationale and Sénat) in March 2010 thanks to the charisma of one man: Martin Hirsch, the former High Commissioner for Youth and a high-profile French civil servant famous for his previous engagement in the fight against poverty.

The new legislation rallied a converging coalition of those feeling nostalgic for the former French military service (suppressed in '95) and those, on the opposite side, in favour of conscientious objection and the use of civil service to foster active citizenship and restore national cohesion.

Its success built up on several factors: the failure of the French educational system in developing active citizenship, the attractiveness of volunteer work to younger generations (Becquet 2009), but also, though not openly put forward as an argument, the need for occupational tasks in a time of profound economic crisis and higher barriers to enter the labour market for young people lacking professional experience.

The French civic service, set out by the 2010 legislation, is a voluntary engagement for young people aged 16 to 25, dedicating a period between 6 and 12 months to missions of general interest.

Their volunteer work entitles them to a financial compensation paid by the state and the civic service period is eligible for complete social welfare coverage (pension rights and health insurance).

Missions take place in non-profit organisations or public structures in France or abroad. The European Voluntary Service (EVS) set up by the EU and operated in France by INJEP/Afpeja is recognised as a form of French civic service abroad.

Assignments can be proposed in nine different fields of action:

- Solidarity: e.g. escorting aging people to museums, to walking in parks, etc.,

- Health: e.g. giving presentations to schools on the dangers of alcohol,

- Education for all: e.g. getting involved in the fight against illiteracy by giving French lessons after school,

- Culture and leisure: e.g. taking part in the creation of music festivals,

- Sport: e.g. helping disabled persons have access to sport,

- Environment: e.g. reinforcing awareness and educating people on water use and environmental issues,

- Memory and citizenship: e.g. being part of a preservation project on a historical site,

- Development assistance and relief projects: e.g. being part of relief projects lead by intergovernmental organisations in foreign countries,

- Emergency intervention: e.g. helping local population after natural disasters such as flood, earthquake etc.

The Service Civique's ambition is to offer a whole generation the chance to get involved, to give time to others and to the society. It is also aimed at reinforcing national cohesion and social diversity.

Young volunteers are offered a monthly compensation of 440 € financed by the state and directly given to them. The hosting structure gives the volunteer an extra compensation in cash or kind of 100 € per month to cover the expenses for food, accommodation or transport. An extra 100 € can also be granted to volunteers on the basis of social criteria. The cost of social welfare system granted to the volunteers is fully financed by the state (388 €).

The targets set for the French civic service are 10,000 civic service volunteers' engagement signed by 2010 to reach 75,000 civic service volunteers – i.e. 10 % of a generation – by 2014. A specific budget has been secured to fulfil the goal in spite of economic crisis and fierce budgetary constraints.

The agency, set up to implement the programme, with INJEP taking part in its steering board, pursues the full recognition of the service civic in the academic curriculum and the appraisal of acquired skills during civic service when entering the labour market.

It is for now too early to say if this new instrument will play a key role in fostering active citizenship among young people, thus becoming an indispensable tool for social cohesion.

There are fears among youth workers that the programme is also aimed at preventing social unrest among younger generations. The common opinion, though, is that educational issues and therefore youth engagement in active citizenship will be at the top of the political agenda for the next 2012 French presidential election.

INJEP has been commissioned to set up an assessment tool to evaluate the programme outcome but early results will not be available before beginning of 2012. The challenge is yet to be taken.

References

Becquet, Valérie 2009: L'engagement des jeunes dans l'espace public. In: Roudet, Bernard (Hrsg.) Les jeunes en France. Québec: Presses de l'Université de Laval.

Bréchon, Pierre 2001: Moins politisés, mais plus protestataires. In: Galland, Olivier; Roudet, Bernard (Hrsg.) Les valeurs des jeunes. Tendances en France depuis 20 ans. Paris: INJEP/l'Harmattan.

Loi n°2010-241 du 10 mars 2010 relative au service civique.

Muxel, Anne 2010: Avoir 20 ans en politique. Les enfants du désenchantement. Paris: Seuil.

Roudet, Bernard 2010: Liens à la politique: des jeunes davantage impliqués et plus protestataires. In: Jeunesses études et synthèses, n°2, Paris: INJEP/Observatoire de la jeunesse.

Tournier, Vincent 2009: Comment le vote vient aux jeunes. L'apprentissage de la norme électorale. In: Agora débats/jeunesses n°51 (les jeunes face au politique), Paris: INJEP/l'Harmattan.

Meine Notizen und Ideen zum Thema:

_____

_____

_____

_____

_____

_____

_____

_____

_____

_____

_____

_____

_____

_____

_____

_____

_____

_____

_____

Fostering Youth Civic Engagement: Reflections from the UK

Tony Breslin, Breslin Public Policy Limited

"A decade from now, or whenever, people may not be interested in 'Citizenship' – but they will still be interested in its constituent parts"
Steve Hilton, Strategy Adviser to Prime Minister David Cameron, c. 2005

Steve Hilton, then a Trustee of the independent UK-based education and participation charity which I led at that time, the Citizenship Foundation, and still a member of its Advisory Council, was speaking at a gathering of five or six staff and Trustees of the Foundation as we reflected on the content of the three-year Strategic Plan that we were then developing. In the period immediately following the meeting Hilton – an advertising professional and corporate responsibility expert – was to play a key role in seeing a relative outsider, David Cameron, become leader of a Conservative Party that was having as torrid a time in opposition as had been experienced by the governing Labour Party a generation before.[1] Roll-forward half a decade and Cameron's Coalition government,[2] has taken the creation of the "Big Society" as its leading theme (a theme attributed by some political commentators to Hilton and one certainly championed by him), a mantra in search of definition perhaps, but a mantra nonetheless and one which requires and demands civic and civil engagement on a scale that has hardly characterised a period in UK political life marked by low turnouts at successive local, national and European elections and an apparently all-embracing apathy (Power 2006), especially amongst the young, one arguably validated by the 2009

---

[1] *David Cameron was elected Conservative Party leader in December 2005, having entered Parliament in June 2001.*

[2] *The Conservatives emerged from the General Election of May 2010 as the largest party but could only secure an overall majority by entering, after several days of negotiations, a coalition with the Liberal Democrats, a difficult choice for the latter as the greater part of their established support had been viewed as 'left of centre'.*

expenses scandal. It seems the infamous 1980s graffiti slogan had it right: who ever you vote for, the government always gets in!

Cohesion, Participation and Citizenship: the Broader Policy Landscape

Scratch below the surface, though, and the picture is a little more complex. In this chapter I want to reflect on attempts to foster civic engagement, and youth civic engagement in particular, in the UK but I want to do so against the backdrop of a broader policy terrain that shares similar objectives: battling apparent apathy, better integrating minorities, building inclusion, widening participation and restoring trust in politics. Whether one looks to the introduction of Citizenship Education in English schools in 2002, the growth of student and youth voice across the past decade (in both formal and informal settings), the concerns and various policy interventions (post 9.11 and 7.7) (Anm. d. Red.: Daten der Terroranschläge in den USA, 2001 und London, 2005) around community cohesion, and various innovations concerned variously with the functioning of local government, the corporate social responsibility of business and the health of the voluntary sector, the concerns are shared or similar.

More recently, David Cameron's "Big Society" or its pre-election precursor "Broken Britain", has picked up the mantle. Each of these interventions are, in Hilton's phrase, concerned with strengthening or remodelling the "constituent parts" of Citizenship, with better, if not bigger, society. As an applicant being interviewed for a post at the Citizenship Foundation in early 2007, an individual who was at the time working in the office of a junior (Labour) Minister, put it "...on our side, we might not be talking about "Broken Britain" and we might not approve of the phrase, but we're all in the same territory".

Youth Civic (and Civil) Engagement: Types and Settings

It is useful to think of engagement in terms of setting and type – in both senses, one might frame the continuum as one that runs from informal to formal, as set out in Figure 1.

Tony Breslin

Setting

Formal

Writing a paper for a think tank that is
close to a particular political party

Helping to organise a school
charity collection

Being elected to the school student council,
an area youth council, a student union
executive or a national student body

Joining a nationally organised
student demonstration

Informal   Formal

Type

Agreeing to be the Treasurer or Secretary
for a local, volunteer based charity

Joining a local group
committed to cleaning-up the
neighbourhood

Joining a local youth group so as to
lobby the local council to improve
local sports facilities

Deciding, with others, to
complain to a Detached
Youth Worker about the lack
of recreational facilities for
young people in the local area

Informal

Youth Engagement as defined by 'setting' and 'type'

This is important because, a range of evidence would suggest that
different "types" of students (in terms of social class, ethnicity, faith,
gender and other patterns of social difference) accrue around different
kinds of participation 'setting' and 'type'. In particular, middle class
students are more likely to hold the cultural and social capital, the participation skills, the "insider knowledge" and the self confidence to take
up formal roles in formal settings, whether this involves standing for
election to their school's student council or serving as President of the
students' union at college. Young people from less privileged (and often
minority ethnic) backgrounds are more likely to – often after considerable coaxing from peers, youth work professionals and others – take

part in participation and civic engagement initiatives in much more informal settings and of much more informal types. This would not matter so much if these different types of engagement were not represented as holding different levels of status on a so-called "ladder of participation" (Arnstein 1969; Bruns 2003), a ladder that places formal engagement in formal settings at the top and implicitly infers that this kind of engagement is somehow more tangible and real than that which might be found in less formal settings. This is not to decry the very valuable work that programmes such as the Citizenship Foundation's Youth Act[3] initiative undertake or their considerable success in reaching those too often lazily termed the 'hard-to-reach' but it does mark out significant segregations in participation and engagement trends, patterns and personnel.

"Civic" or "Civil" Engagement?

This segregation operates at a second level. Karl Wilding and his colleagues at the UK's National Council for Voluntary Organisations (Jochum et al. 2005) make the useful distinction between civic participation and civil participation. Together, the process through which individuals engage with society and the state is mediated through these two channels: formal "civic" conduits and institutions and a wider set of "civil" relationships. The latter represent a much more complex and untidier space – and sometimes one that is tougher to navigate.

Thus, in terms of the "civic", we would certainly think of formal politics – locally, regionally, nationally and, increasingly, beyond – and we might also think of longstanding organisations linked in to formal politics: political parties, trade unions, chambers of commerce. Finally, we might include larger "voice of the sector" bodies such as, in the UK, the Trade Union Congress (TUC) and the Confederation of British Industry (CBI). Those that operate in the civic sphere are either a part of the apparatus of state or they are hard-wired into that

---

3 *Youth Act is an award winning participation and social action project that seeks to involve young people from disadvantaged backgrounds in social change initiatives in their communities. Established in the UK in 2004, it was inspired by a programme of the same name organised by the American charity Street Law and has been delivered in approximately twenty local authorities across the country. Youth Act groups can be based in schools, colleges or youth organisations. The young people identify the change that they want to see and receive training in media skills, negotiation, problem solving and lobbying so as to enable them to achieve their desired change.*

Tony Breslin

apparatus by virtue of their influence, status and, perhaps, longevity. By contrast, "civil" society consists of a myriad of usually smaller organisations and campaigning groups that range from locally based tenants' action groups and community support networks to nationally prominent charities and campaigning bodies, broadly defined in the UK as the "Third Sector"[4] but more universally referred to as constituting "Civil Society".

In terms of the civil and civic engagement of young people, I want to suggest three things: first, that civil society is in better health than the civic frameworks with which it, from time to time, works; second, that the civic and civil spheres are becoming increasingly separated and that this is problematic for the future health of our democracies; third, that civil society needs to do better in reaching and including a far greater range of participants, especially young people and those from minority communities.

The Perceived Irrelevance of the Civic Sphere

Shot through any discussion of youth engagement is a broader concern about the disenfranchisement of the young from civic politics and, in the UK, this has been the focus of a range of recent reports (Power 2006; Goldsmith 2007; NFER 2008). An initial response to this concern has been to cast the problem as one of apathy. However, the relative healthiness of the "civil" sphere is a challenge to this – in the UK the numbers of (especially young) people active in a range of campaigns and campaigning bodies that span the political spectrum – from the Countryside Alliance through Make Poverty History and the Stop the War Coalition to the recent protests against proposed increases in student tuition fees – are hardly an indicator of apathy, although, as I shall explore further later, the apparent narrowness of the demographic involved in these campaigns is a cause for concern. And if the problem is not apathy (or not just apathy), the required solution is different. Where apathy is the problem, the solution is to find ways of enticing reluctant voters to the polling station; where the problem lies in the

---

4 The "Third" sector is made up of those organisations that are in neither the "private" nor "public" sector, sometimes termed Non-governmental Organisations (NGOs) and often formally established as charities. Some practitioners prefer the term "Voluntary and Community Sector".

nature and perceived irrelevance (and perhaps obsolescence) of the civic structures, the challenge lies in the renewal of these structures – and those formal youth participation structures that mirror these 'adult' institutions.

The last government's Governance of Britain agenda (Ministry of Justice 2007) was, in part, an acknowledgment that the latter concern is at least as significant as the former. The problem is less about political issues (although the protagonists may not define them as such) and more about a lack of faith – or "trust" as it is often configured – in the systems and personnel of (formal) politics. The pan-European popularity of "vote-them-off" television programmes such as Big Brother and The X Factor suggests that voting itself is not the problem for young people – the way we 'do' formal politics is. Moreover, the increasing mood amongst activists in the civil sphere that formal politics lacks the wherewithal to address its issues suggests a separation between the civil and civic domains, a development to which I now turn.

The Separation of the "Civic" and the "Civil"

Of course, some civil society activists have always questioned the value of formal politics – such a question, whether reasonable or not, has been posed by just about every major protest movement. I want to suggest, though, that the separation between the two spheres, at least in the UK, is in danger of becoming entrenched and that this entrenchment results from two related dynamics.

The first of these dynamics relates to the long term decline of those organisations that bridged the civil and civic spheres, creating reasonably clear route ways from community or workplace based civil participation to a place in the civic realm. Thus, the decline in the power, influence and profile of organisations such as the trade unions[5] has a direct impact on the ability of these bodies to prepare activists not just for civil engagement but also for political participation in civic life. The car factory apprentice encouraged (or sometimes obliged) to first join a trade union, then to attend union meetings and then to stand

---

5 In 2005 there were just under 6.4 trade union members in the UK (Department for Trade and Industry, 2006) compared with 13.2 million members in 1979 (Annual Report of the Certification Officer. 1980).

---

for some minor office has set out on a path that may subsequently lead to an invitation to join the local Labour Party – and standing for election to the local council at some later point. Until recently, this was not an uncommon biography for a Labour activist seeking nomination as a parliamentary candidate to bring to the selection process but a range of changes – notably in our industrial infrastructure, our methods of manufacture and the nature of our local communities – have unwittingly conspired to bringing this particular production line to a close, and they have been helped by an additional dynamic: the professionalisation of the routes into formal politics.

Herein lies the second dynamic that has contributed to the separation between the civic and civil spheres. When a recent and comparatively youthful English Secretary of State talks of being "the first Labour MP in my constituency not to have worked down the mine", he tells a story not just about industrial decline but about the changing ways in which those with political aspirations are recruited into formal politics, earlier and following a very particular induction that serves as preparation for a life in formal politics. Such an induction might typically involve a period working as an MP's researcher, a period in the employment of a prominent think tank and a spell as a "Special Adviser" to a senior political figure. Of course, much of this is good for the efficiency of politics and it attracts many of the best young brains into the formal political infrastructure. The risk, though, is that it recasts political representation as a full-time, lifelong, graduate-entry career, by definition impacting on the diversity of backgrounds from which candidates are drawn and the breadth of experience that they are able to draw on from outside what is increasingly referred to, somewhat pejoratively, in the UK as the "Westminster village" – a difficult village for the experienced civil society campaigner or the community or workplace activist to enter and one that can appear irrelevant, aloof and self-serving. This narrowing of the routes into formal politics – and a sense that those who have got in have 'pulled the ladder up' with them – has real implications for the way in which youth participation conduits, especially those that reach beyond the civil into the civic, are established. One can see how a young person who has become active through the UK Youth Parliament or the British Youth Council might progress into formal politics from this starting point and, whether or not they choose to, one can see how participation in these activities will serve to build their understanding of how formal or civic politics works. How a "harder to reach" young person, coaxed into a Youth Act project or active in one of a range of other participation and social action programmes such as those organised by Changemakers or Envision, gains access to a similar experience is more challenging.

Closing the "Participation Gap": the Need to Broaden Youth Access

These criticisms of the civic sphere also apply to the civil domain and these too need to be addressed if a culture of youth engagement is to become much more pervasive. Here two observations, drawn it must be conceded largely from anecdote and personal experience, are pertinent: first, with the exception of local community or workforce based organisations, the internal diversity of third sector bodies is rarely as rich as the diversity that these bodies rightly campaign for externally – the typical third sector workforce might be comparatively young but it is also graduate educated (often to second degree), tightly networked, white and usually of middle class origin; second, there is a widening gulf between a small number of "super charities" – who do enjoy good connections with the civic sphere not least because of their increasing role in the delivery of public services – and wider civil society. Moreover, these problems have been accentuated by some of the initiatives designed to encourage wider participation: as I have argued elsewhere (Breslin 2008), these well intended initiatives have tended not to broaden the numbers involved but, instead, have opened up further opportunities for those already expert in participating, widening the "participation gap", rather than closing it, in the process.

If the sector as a whole is not to enjoy the credibility problems with the wider populace ascribed to formal politics and as explored earlier, these issues of diversity and access need to be addressed – and there is an accompanying need to ensure that the substantial benefits of engaging the "super charities" in major service delivery programmes are dispersed all the way down the civil society food chain, delivering resources to locally based community activists and demonstrating to these activists that there is a conduit that they can progress through: from civil to civic to state; from marginalised and voiceless to involved and confidently assertive. The term "civil society" only has meaning if it is plausibly accessible by all citizens. And this is crucial

Tony Breslin

if the new government's notion of a "Big Society" is to become more than a good soundbite – such a society will not be judged by how many it includes but by how many (and who) it leaves out. A civil sphere that does not embrace in its activist body those that it seeks to help coupled with a civic realm that has ever tighter routes of access may produce a society in which the "pushy" have a greater say but not one that is genuinely more richly engaged, a busybodies' society certainly – but not a bigger one.

Civil Society, the State and a Conception of Citizenship

Citizenship is a contested term: at one level it demonstrates literally the legal relationship between the citizen and the state (and, in this context, civil society is the lubricant that allows the two to work together), an approach that drives us towards a conception of citizenship as "status"; at another, it describes the way in which individuals and groups, whatever their legal status, engage in public life (through both the civic and civil domains) as "individuals engaging in society", an analysis that has us working towards an intrinsically inclusive notion of citizenship as "process". The Citizenship Education community has usually tended towards the latter, developing the model of the "citizenship-rich" school, college and community in so doing (Breslin & Dufour 2006; Citizenship Foundation 2007), but perhaps ignoring a third conception of citizenship in the process.

This third conception of citizenship is the one that exercised a group of academics, activists and policymakers from across Europe drawn together by Diana Punto on several occasions during 2007, 2008 and 2009 under the banner of the res publica project: it is around an understanding of citizenship as "identity" or "belonging". Traditionally, The Citizenship Education community, in particular, has tended to steer clear of debates about citizenship and identity (Interfaith Network 2006; Breslin 2007), essentially because matters of identity blur into matters of national identity which, in turn, blur into a conception of citizenship more concerned with matters of status than matters of process. In truth, this has often left citizenship educators struggling to comprehend the debates about national identity – manifest in the UK around the current debate about "Britishness" – that come through in the range of papers detailing the res publica discussions about national identity in a range of settings (Pinto 2007-08). The reality is that in an increasingly post-modern world – where perpetual population movements, transient and fluid neighbourhoods, less stable family arrangements and employment and career insecurity are the norm – issues of identity and belonging become a major issue, not least for young people seeking to navigate a more complex world. This is especially the case in those marginalised and minority communities that feel shut-off from the affluence and opportunities apparently[6] available to others and continually buffeted by external pressures over which they feel little control. It is in communities that are characterised by at least some of these features that political and/or religious fanaticism emerges and where such fanaticism – with its complete but erroneous answers – seems to offer a "security blanket" not offered by, for instance, educational success, an enduring occupational or professional identity or the stability of residence or relationship.

The Enduring Importance of Citizenship Education in the Curriculum

If youth engagement strategies are to reach successfully beyond those young activists so often termed the usual suspects, if the project of engaging the young is viewed as an exercise in "changing the political culture" as the late Professor Sir Bernard Crick so eloquently put it (DfEE 1998), and if we are going to address the challenge of a world where identities are multiple, transient and fluid rather than singular, ascribed and fixed, we need to ask what role there is for education in all of this; in particular, we need to ask what is the role of Citizenship Education, a statutory National Curriculum subject in English secondary schools since 2002[7] but one that is currently under threat from the Coalition Government's review of this curriculum. Although the claimed intention of this review is to lighten the load on teachers and to give schools greater autonomy in the construction of the curriculum rather than to marginalise any given subject, the relatively recent

---

6 *The literature on community cohesion continually asserts the importance of perceived inequalities as being as important as actual inequalities, citing, for instance, the tendency of neighbouring but discrete 'minority ethnic' and 'white' communities to believe that the other group has privileged access to the support available – whether this relates to access to housing, healthcare, benefits, education or employment opportunities (CLG 2007).*

7 *Prior to 2002, Citizenship had been one among several cross-curricular themes that schools were expected to address, a laudable aspiration but one that usually saw Citizenship not so much embedded in the life of the school, as "everywhere but nowhere" (TSO 2007).*

---

introduction of Citizenship Education to the classroom, the extent to which it is not universally seen as an "academic" (or "real") subject and the fact that the UK – and England in particular – has no strong tradition in the teaching of the social sciences render it vulnerable. And, in a curriculum that is slimmer and less all-embracing, those subjects within it immediately assume greater status in the knowledge hierarchy; they constitute the body of knowledge identified as of sufficient importance to pass on to the next generation, the range of skills required for the successful navigation of adult life. It would be ironic if Citizenship were to be lost to the statutory curriculum at precisely the time that there is an all-party commitment to rebuilding trust in politics in wake of the debacle over politicians' expenses and at a time when the construction of a "Big Society" of engaged, active citizens is a major political project. If the Big Society is to engage and embrace all, some form of universal educational preparation is a pre-requisite.

Big Society in the Classroom and Beyond: the "Citizenship-Rich" School or College

Whatever the outcome of this curriculum review – and it is likely to be known by the time that this text is published, the introduction of Citizenship has variously inspired or helped to spur a range of changes in English secondary schools: the growth of student voice – evidenced, in particular, by the growth of student councils (Whitty & Wisby 2007), the emergence of examination programmes in Citizenship Education, a stronger focus on the school as a community hub and as a potential source for the generation of community cohesion[8] (Rowe et al. 2011).

---

8 *Since 2007 English schools have had a Statutory Duty to support the development of community cohesion, although this and other Statutory Duties concerned with areas like race equality and student consultation are likely to be lifted as part of the broader move to enhance school autonomy and free "teachers to teach" (DfE 2010).*

Working with colleagues at the Citizenship Foundation and across the broader Citizenship Education community, Barry Dufour and I have sought to capture this activity within the framework of the "citizenship-rich" school or college (Breslin & Dufour 2006). Such a school or college has five defining characteristics:

1. Citizenship Education is clearly and distinctly identified in the curriculum model, on the timetable, in assessment frameworks, in the provision for teachers' Continuing Professional Development and in the institution's improvement and development plans;

2. It enables young people to develop their Citizenship knowledge through a skills based and learner centred pedagogy;

3. Citizenship learning, thus, takes place not only within designated timetable space – vital as this is – but through a range of opportunities and activities, on and off the school or college site, that are valued by students, teachers and the wider community;

4. It encourages and facilitates the active and effective participation of all – students, teachers, parents, the wider community – in its day-to-day activities;

5. It models the principles that it teaches about in Citizenship in the way that it operates as an institution and as a community and proclaims this outlook in its documentation, in some cases articulating this through a public-facing Citizenship Manifesto (Breslin 2001).

In short, in the citizenship-rich school or college young people learn about Citizenship – and develop as citizens – through a combination of formal specialist teaching and opportunities to do Citizenship; political and legal knowledge is necessarily introduced and developed in the classroom (and therefore given the status of any other statutory National Curriculum subject) but this is transformed into political and legal literacy and understanding through active learning, delivered within and beyond the classroom's boundaries.

Thus, the fully developed citizenship-rich school is likely to have an active school council, engage students as associate members of their governing bodies, involve students in recruitment processes, offer volunteering, charitable giving and social action programmes that engage students in the community and the community with the school, create opportunities for students to learn about political and legal processes through schemes that involve politicians and lawyers in the classroom and students in mock trials and parliaments and, through partnerships with other schools, encourage students to learn from those living in different settings: the urban from the rural, the mono-cultural from the diverse and, across the net, between students from completely different cultures and countries: the Big Society manifest. Moreover, this drive to engage students as citizens of their learning (and local) communities supports efforts to raise attainment and achievement, howsoever defined and measured. Rather than distracting teachers and learners from efforts to raise achievement, they offer another strategy for doing so because students who may have been disaffected or disillusioned are drawn positively into the learning process: included students are much more likely to be achieving learners.

In recent years the NFER Citizenship Education Longitudinal Study (NFER 2008) has adopted the citizenship-rich framework as a part of its typology for assessing school effectiveness in the delivery of Citizenship Education. Whatever the future of Citizenship in England's National Curriculum, one must hope that schools continue to evolve into citizenship-rich institutions, where learning thrives not simply alongside efforts to build students' current and future capacity for civic and civil engagement but, in significant part, because of these efforts.

Acknowledgement

I am grateful to Don Rowe and Essi Lindstedt, both previously at the Citizenship Foundation, for their comments and suggestions to an earlier paper from which this chapter has been developed. That paper – The State and Civil Society: issues of relevance and problems of access – appeared in the series of Res Publica papers cited below (Pinto, 2007-08) in September 2008.

References

Arnstein, Sherry R. 1969: A Ladder of Citizen Participation. Journal of the American Institute of Planners (35) 4, 216-224.

Breslin, Tony 2001: A Citizenship Manifesto for Every School? Teaching Citizenship, (1) 2, London: Association for Citizenship Teaching.

Breslin, Tony 2007: Citizenship Education and Identity Formation. In: Johnson, Nick (Hrsg.): Britishness: towards a progressive citizenship. London: The Smith Institute, 76-83.

Breslin, Tony 2008: The State and Civil Society. Issues of relevance and problems of access (unpublished). 15-19, London: JPR/Institute for Jewish Policy Research.

Breslin, Tony; Dufour, Barry (Hrsg.) 2006: Developing Citizens. A comprehensive introduction to effective citizenship education in the secondary school. London: Hodder Murray.

Bruns, Bryan R. 2003: Water Tenure Reform. Developing an Extended Ladder of Participation. Conference Paper, RCSD Conference, 11-14 July, Thailand.

Citizenship Foundation (Hrsg.) 2007: The Citizens' Day Framework. Building cohesive, active, engaged communities. London: Citizenship Foundation.

Department for Communities and Local Government (Hrsg.) 2007: Our Shared Future. Report of the Commission on Integration and Community Cohesion. London: DCLG.

Department for Education (Hrsg.) 2010: The Importance of Teaching. The Schools White Paper. London: DFE.

Department for Education (Hrsg.) 1998: Education for Citizenship and the Teaching of Democracy in Schools. Final Report of the Advisory Group on Citizenship, Qualifications and Curriculum Authority, London: DFE.

Goldsmith, Peter H. 2008: Citizenship. Our Common Bond, Lord Goldsmith's Citizenship Review. London: Ministry of Justice.

Interfaith Network (Hrsg.) 2007: Faith, Identity and Belonging. Educating for Shared Citizenship. Report on a Seminar held on 7th February 2006, London: The Interfaith Network for the UK.

Jochum, Véronique; Pratten, Belinda; Wilding, Karl 2005: Civil Renewal and Active Citizenship. A Guide to the Debate. London: National Council for Voluntary Organisations.

Ministry of Justice (Hrsg.) 2007: The Governance of Britain. A Government Green Paper. London: The Stationery Office.

Moores, Mike 2006: Sociology and Citizenship. Laying the foundations of the social curriculum. In: Breslin, Tony; Dufour, Barry (Hrsg.) Developing Citizens. A comprehensive introduction to effective citizenship education in the secondary school. London: Hodder Murray, 151-185.

National foundation for Educational Research (Hrsg.) 2008: Citizenship Education Longitudinal Study (CELS). 6th Annual Report – Young Peoples' Civic Participation In and Beyond School: Attitudes, Intentions and Influences. London: Department for Children, Schools and Families.

Pinto, Diana 2007-08: Voices for the 'res publica'. A series of reports on the national roundtable seminars, unpublished.

Joseph Rowntree Foundation; The Power Inquiry (Hrsg.) 2006: Power to the People. The report of Power – an Independent Enquiry into Britain's Democracy, York: The Power Inquiry.

Rowe, Don; Breslin, Tony; Horsley, Nicola; Thorpe, Tony 2011 (forthcoming): School Leaders, Community Cohesion and the Big Society. Reading: Center for British Teacher Education Trust.

Thorpe, Tony; Jarvis, Richard 2006: Inside Britain. A Guide to the UK Constitution. London: Hodder Murray.

The Stationery Office (Hrsg.) 2007: Citizenship Education. Report of the House of Commons Education and Skills Committee. London: The Stationery Office.

Whitty, Geoff; Wisby, Emma; 2007: Real Decision Making? School Councils in Action. London: Institute of Education, University of London.

Meine Notizen und Ideen zum Thema:

_____

_____

_____

_____

_____

_____

_____

_____

_____

_____

_____

_____

_____

_____

_____

_____

_____

_____

Ausblick

Kerstin Plehwe, Initiative ProDialog

Warum ist es so wichtig, vor allem junge Menschen für unsere Demokratie zu gewinnen und sie zur Partizipation zu ermutigen? Kurt Edler hat dies in seinem Beitrag markant auf den Punkt gebracht: „Eine in Stein gemeißelte Demokratie nützt gar nichts, wenn sie nicht auch in den Köpfen und Herzen der Menschen verankert ist und im Alltag gelebt wird." Dieser Satz von Edler ist ein Aufruf und eine Verpflichtung für uns alle. Denn nur eine gelebte Demokratie ist eine erfolgreiche und widerstandsfähige Demokratie. Die Alltäglichkeit, sich selbst an gesellschaftlichen Prozessen zu beteiligen, ist eine Erfahrung, die es auch zu erlernen gilt. Arbeit für die Demokratie ist somit ein persönlicher Lernprozess, der schon in sehr jungen Jahren beginnen und später gezielt weiter gefördert werden sollte. Schon der Kindergarten, ein Ort gelebter Gemeinschaft mit sozialen Spielregeln, lädt zu ersten demokratischen Erfahrungen ein.

Ist dies möglich? Ja, es ist möglich und sinnvoll. Die Beiträge in diesem Sammelband dokumentieren eindrucksvoll, dass die Jugendlichen in Deutschland motiviert sind, sich für das Gemeinwohl einzusetzen und Verantwortung zu übernehmen, wenn man ihnen die Möglichkeit dazu gibt, sie ggf. darauf vorbereitet und dabei begleitet. Gerade in Zeiten wachsender Unzufriedenheit mit der parlamentarischen Demokratie ist die Förderung demokratischer Kompetenz und direkten Engagements eine dringende Herausforderung an alle gesellschaftlichen Akteure. Denn sehr viele Bürger in Deutschland erwarten nichts Positives mehr von der Politik und geben dieses Lebensgefühl auch an ihre Kinder weiter. Immer mehr Menschen fühlen sich von der Politik nicht mehr angesprochen und haben das Gefühl, dass Politik nicht viel mit ihnen zu tun hat. Diese Entwicklungen sind eine Warnung für uns. Alle sind aufgerufen, den Dialog mit jungen Menschen zu suchen, nicht zuletzt, um den Nachwuchs in den politischen Institutionen zu stärken.

Aktuelle Studien belegen, dass diejenigen, die sich ehrenamtlich engagieren oder in der Schule aktiv sind, später auch eher zu politischem Engagement finden. Doch zunächst muss Demokratie von klein auf erfahren und gelernt werden, was den Austausch mit anderen innerhalb einer Gemeinschaft voraussetzt.

Um die Kinder bereits in der Kita für demokratische Prozesse zu sensibilisieren, müssen erst die Voraussetzungen hierfür geschaffen werden. Die verantwortlichen Entscheidungsträger müssen die notwendige gesellschaftspolitische Aus- und Weiterbildung ermöglichen und aktiv Räume für ein demokratisches Miteinander schaffen. Dies setzt natürlich voraus, dass auch die Erwachsenen Demokratie erleben und mitgestalten können. Denn Beteiligung müssen nicht nur die Kinder, sondern auch die pädagogischen Fachkräfte lernen - das zeigt der Beitrag von Prof. Dr. Knauer über Kindertagesstätten als „Kinderstuben der Demokratie". Ein Konzept, das sich auch in den Schulen weiter entwickelt. Im schulischen Alltag kommt es vor allem auf die Förderung einer demokratischen Kultur an, in der die SchülerInnen Anerkennung erleben und konkrete demokratische Erfahrungen machen können.

Um zu erfahren, dass sie ihr gesellschaftliches Umfeld mit gestalten können, brauchen junge Menschen sinnvolle Aufgaben, die sie eigenverantwortlich gestalten und an denen sie wachsen können. Doch noch viel zu selten wird diese Engagementbereitschaft gesehen und systematisch gefördert.

Mit einem veralteten Lernbegriff, der lediglich auf Wissensvermittlung zielt, kann die Schule für die Demokratie allerdings nicht in die Pflicht genommen werden. Die Beiträge von Margret Rasfeld und Michael Rump-Räuber zeichnen eindrücklich nach, wie die Führungs- und Lehrkräfte in Schulen eine solche Kultur der Anerkennung und das Bewusstsein für gesellschaftliche Verantwortung schaffen können. Trotz dieser leuchtenden Beispiele sieht die Realität an vielen Schulen leider noch anders aus. Demokratie und Verantwortung lernen und leben ist als Kernkompetenz von Schule in den Gesetzen aller Bundesländer verankert. Es fehlen jedoch häufig der Mut sowie der gesellschaftliche und politische Rückhalt, diesen Auftrag wirklich einzulösen.

Um Demokratie zu leben, bedarf es entsprechender Rahmenbedingungen. Der Beitrag von Gesine Agena zeigt, wie niedrigschwellige Partizipationsangebote jungen Menschen exemplarisch den Eintritt in eine politische Jugendorganisation erleichtern. Doch zunächst müssen die Jugendlichen überhaupt erfahren, dass ihre Meinung und ihr Engagement gefragt sind. Bei unserer amerikanischen Autorin Abby Kiesa heißt das „making the ask". Auch die Bundestagsabgeordnete Katja Mast fragt die Jugendlichen im Rahmen ihres Projektes „Junger Rat für Mast" direkt nach deren Meinung und empfindet den außen stehenden Blick der Jugendlichen auf ihre Arbeit und ihre politischen Themen als vielfältig und bereichernd. Eine Einstellung, die in der Politik – nicht nur mit Blick auf junge Menschen – zunehmend gefordert ist.

In seinem Beitrag über den Berliner Familienbeirat macht Peter Ruhenstroth-Bauer deutlich, wie dringend die Politik heute erkennen muss, dass ihre Legitimation, trotz Wahlen, bei einzelnen Projekten ohne eine Beteiligung der Betroffenen immer mehr auf tönernen Füßen steht. Zentral für das Gelingen solcher Beteiligungsprojekte ist deshalb – unabhängig vom Alter der Gesprächspartner – eine offene Kommunikation auf Augenhöhe. Und um den Beweis der Bereitschaft dazu anzutreten, bedarf es keiner großen Planungsprojekte à la Stuttgart 21, es geht auch im Kleinen und setzt nur eine andere Einstellung voraus. Die immer noch weit verbreitete politische Haltung „Information von oben nach unten" zu geben, funktioniert kaum mehr, hier ist Dialog gefordert. Denn die politische Resignation bei den Erwachsenen ist mittlerweile bis in die Mittelschichten hinein zu finden. Und so verwundert es kaum mehr, wenn junge Menschen mit Politik häufig keine positiven Assoziationen verbinden und ihr Vertrauen und ihre Kraft lieber in gemeinnützige Organisationen wie Amnesty International oder Greenpeace investieren.

Die Politik beginnt aber wenigstens langsam zu reagieren. Ein leuchtendes Beispiel findet sich im Deutschen Bundestag. Mit einer eigenen Internet-Plattform für Kinder und Jugendliche gelingt die Umsetzung einer besonderen Herausforderung: die jungen Menschen zielgruppengerecht anzusprechen, aber dennoch in einer der Bedeutung des Bundestages als oberstem Verfassungsorgan angemessenen Weise. Auch hier geht es um Kommunikation auf Augenhöhe, ohne sich zu verbiegen. Diese gelingt im Falle der Plattform PoliPedia.at in

Kerstin Plehwe

Österreich schon alleine deswegen, weil es sich um politische Bildung von und für Jugendliche handelt – Stichwort Peer to Peer.

Leider wird in der politischen Bildung heute noch zu selten darauf gebaut, die Jugendlichen bei der Entwicklung, Erarbeitung und Vermittlung demokratischer Aktivierungs- und Beteiligungskonzepte zu integrieren. Der Beitrag von Christoph Leschanz über die Plattform PoliPedia.at zeigt auf, welche ungenutzten Chancen für politische Bildung das Web 2.0 bereithält. Zum einen geht es darum, junge Menschen dort anzusprechen, wo sie sich (medial) ohnehin aufhalten, so z.B. in Social Networks wie Facebook. Zum anderen geht es um die Sprache, die durchaus Hürden erzeugen kann. Am besten gelingt es deswegen jungen Menschen, ihresgleichen zu motivieren. Denn den größten Einfluss auf die tatsächliche politische Partizipation hat laut EUYOUPART-Studie der/die beste FreundIn.

Der Sammelband dokumentiert eindrücklich, wie positiv jegliche Form von gesellschaftlichem Engagement für die Entwicklung von jungen Menschen ist. Wenn Jugendliche sich in die Demokratie einbringen und die Erfahrung machen, dass sie etwas bewegen können, sind nicht nur sie besser aufgestellt; letztlich profitieren alle davon. SchülerInnen, die an gesellschaftlichen Aktivitäten teilnehmen, schneiden in Leistungstests zu Fragen der politischen Bildung besser ab als Altersgenossen, die sich nicht gesellschaftlich engagieren. Zudem erhöht Freiwilligenarbeit die Wahrscheinlichkeit, Schule und Studium erfolgreich abzuschließen. Belegt werden konnte auch, dass Jugendliche, die gemeinnützig aktiv waren, in ihrer moralischen Integrität gestärkt werden sowie Toleranz im Umgang mit anderen Meinungen und ethnischer Vielfalt erwerben.

Leider zeigen nicht nur Erhebungen in Deutschland, dass Engagement und politische Partizipation sehr stark von der Bildung des Einzelnen und der sozialen Herkunft abhängen. Auch die Beiträge unserer Autoren aus Frankreich, Großbritannien und den USA machen deutlich, dass Engagement und die damit verbundene Anerkennung noch viel zu häufig ein Privileg gut situierter Jugendlicher ist. Umso wichtiger sind Projekte, die den weniger privilegierten Jugendlichen in diesem Sinne eine Chance geben.

Abschließend lässt sich festhalten: Es existieren bereits viele erfolgreiche Ansätze und Projekte für die Förderung jugendlicher Partizipation. Es bedarf jedoch eines Bewusstseinswandels – wenn nicht sogar eines Wertewandels – der Entscheidungsträger, um den Anspruch, Demokratie für Kinder und Jugendliche früh erfahrbar zu machen, gesellschaftlich zu verankern und umzusetzen. Für die Politik könnte diese Erkenntnis in Zeiten wachsender Entfremdung von Seiten der Bürger Anlass für einen Neubeginn im Verhältnis zu den „Demokraten der Zukunft" darstellen.

Ich hoffe, dass wir Ihnen als Leser interessante Einblicke und Ideen für die Förderung einer Kultur der wechselseitigen Anerkennung und Verantwortung in Schule und Gesellschaft geben konnten. Mit der Herausgabe dieses Bandes ist auch die Hoffnung verbunden, in sich gesellschaftlich rasch verändernden Rahmenbedingungen einen Beitrag zur Neubelebung und aktiveren Ausgestaltung der Demokratie zum Wohle aller zu leisten.

Kerstin Plehwe

Die Autoren

Gesine Agena

Gesine Agena wurde 1987 in Ostfriesland (Niedersachsen) geboren, zog nach dem Abitur nach Berlin und studiert seitdem Politik und Soziologie an der Universität Potsdam. Seit 2005 engagiert sie sich für die GRÜNE JUGEND und BÜNDNIS 90/DIE GRÜNEN, erst in Niedersachsen, später in Berlin. Nach einem Jahr als Beisitzerin im Vorstand der GRÜNEN JUGEND wurde sie im Oktober 2009 zur Bundessprecherin der grünen Jugendorganisation gewählt. Sie beschäftigt sich vor allen Dingen mit den Themen Klima- und Energiepolitik, Demokratie, außerdem mit Rechtsextremismus und Bildungspolitik.

Dr. Tony Breslin

Dr. Tony Breslin ist Vorsitzender der Wohltätigkeitsorganisation Human Scale Education, Direktor der Beratungsfirma Breslin Public Policy Limited und Visiting Research Fellow am Birbeck College der University of London. Zudem ist er Mitglied des National Community Cohesion Panel, Aufsichtsratmitglied des Arc Theatre for Change, Kurator des Speakers Trust, sowie Vizepräsident der Association for the Teaching of the Social Sciences. Von September 2001 bis August 2010 war Dr. Breslin Geschäftsführer der Citizenship Foundation, einer unabhängigen Wohltätigkeitsorganisation mit den Schwerpunkten Bildung und Partizipation. Zuvor war er Beiratsmitglied der Organisation 14-19 Education in Enfield, North London. Dr. Tony Breslin gilt als erfahrener Lehrer, Coach, Prüfer und kompetenter Schulinspektor. Er ist in Großbritannien und weltweit ein gefragter Referent zu den Themen Bildung und Partizipation und hat dazu diverse Publikationen verfasst. Kontakt: tony.breslin@breslinpublicpolicy.com.

Kurt Edler

Kurt Edler (Jg. 1950) war Lehrer an beruflichen Schulen und Gymnasien in Hamburg. Dort leitet er seit 2004 das Referat Gesellschaft am Landesinstitut für Lehrerbildung und Schulentwicklung in Hamburg. Als Gründungsmitglied der GAL und Schulpolitiker war er 1984-86 und 1993-97 Mitglied der Hamburgischen Bürgerschaft. Seit 2008 ist er Vorsitzender der Deutschen Gesellschaft für Demokratiepädagogik e.V.. Kontakt: edler@degede.de und www.edlerhh.de.

Dr. Wolfgang Gaiser

Geboren am 31. Oktober 1946 in Ansbach. Er studierte an der Ludwig-Maximilians-Universität München Soziologie und promovierte in Bielefeld. Seit 1973 arbeitet er am Deutschen Jugendinstitut (DJI) in München. Nach Studien über „arbeitende Jugendliche" im Rahmen der Erstellung des vierten Jugendberichts der Bundesregierung befasste er sich im Rahmen eines DFG-Projekts mit dem Thema „Sozialisation und Umwelt". Anschließend war er Chefredakteur der Zeitschrift DISKURS-Studien zu Kindheit, Jugend, Familie und Gesellschaft. Seine Arbeitsschwerpunkte sind Partizipationsforschung und europäische Vergleichsforschung. Aktuell ist er Grundsatzreferent für Jugendforschung und arbeitet im Projekt „Aufwachsen in Deutschland: Alltagswelten (AID:A)".

Abby Kiesa

Abby Kiesa ist Soziologin und hat an der Villanova University in Pennsylvania studiert. Derzeit befindet sie sich im Aufbaustudium im Fach Amerikanistik an der University of Maryland. Sie arbeitet als Forscherin und Jugendkoordinatorin für das Projekt CIRCLE (The Center for Information and Research on Civic Learning and Engagement), einem Forschungs- und Informationszentrum über das Service-Learning an der Tufts University, Massachusetts. Ziel des Service-Learnings ist es, die akademische und schulische Lehre mit bürgerschaftlichem Engagement zu verbinden. Abigail Kiesa hat bereits verschiedene Projekte im Bereich des Service-Learnings organisiert und koordiniert, sowie verschiedene Publikationen zu diesem Thema verfasst und herausgegeben.

Prof. Dr. Raingard Knauer

Raingard Knauer ist seit 1995 Professorin für Pädagogik und Sozial-
pädagogik mit dem Schwerpunkt Erziehung und Bildung an der
Fachhochschule Kiel. Seit 2004 leitet sie den Fachbereich Soziale
Arbeit und Gesundheit als Dekanin. Vor ihrer Tätigkeit als Hochschul-
lehrerin war sie Sozialpädagogin, Bildungsreferentin, sowie als
Studienrätin an beruflichen Schulen in der Ausbildung von Erziehe-
rinnen tätig. Ihre Forschungsgebiete liegen im Bereich von Erziehung
und Bildung im Kindesalter sowie Partizipation von Kindern in Kindertageseinrichtungen. Raingard Knauer ist Mitbegründerin des Instituts
für Partizipation und Bildung, das u.a. das Konzept „Die Kinderstube
der Demokratie" entwickelt und erprobt hat. Sie hat zu Partizipation von
Kindern und Jugendlichen geforscht und zusammen mit Rüdiger
Hansen die Leitlinien für Bildung in Kindertageseinrichtungen für
Schleswig-Holstein verfasst. Weitere Informationen finden sich auf der
Homepage des Instituts: www.partizipation-und-bildung.de oder unter
www.fh-kiel.de.

Christoph Leschanz

Geboren 1988. Studiert Vergleichende Sprach- und Literaturwissen-
schaft an der Universität Wien und Volkswirtschaftslehre an der Wiener
Wirtschaftsuniversität. Er war als Journalist für die österreichische Tageszeitung DerStandard beim Ressort SchülerStandard tätig. Derzeit
publiziert er als freier Mitarbeiter beim Demokratiezentrum Wien für
das Online-Jugendpartizipationsprojekt www.polipedia.at und engagiert sich dort unter anderem auch in den „Power-Groups".

Katja Mast

Katja Mast ist seit 2005 Mitglied des Deutschen Bundestages. Dort
ist sie ordentliches Mitglied im Ausschuss für Arbeit und Soziales
sowie im Petitionsausschuss und stellvertretendes Mitglied im
Finanzausschuss. Ihr Bildungsweg ging von der Hauptschule bis zum
Wirtschaftsgymnasium. Bevor sie in Heidelberg studierte, schloss sie
ihre Ausbildung als Bankkauffrau ab. Nach ihrem Studium der Bio-
logie, Geographie, Politikwissenschaft und Pädagogik arbeitete sie als

Projektleiterin am Institut für Organisationskommunikation (IFOK). Vor ihrer Wahl in den Deutschen Bundestag war sie Referentin für Personalstrategie bei der Deutschen Bahn. Als stellvertretende Sprecherin der SPD Landesgruppe Baden-Württemberg und der SPD-Bundestagsfraktion für Arbeit und Soziales ist sie unter anderem für die Arbeitsmarktpolitik für junge Erwachsene und Bildung zuständig. Seit Beginn ihres Mandates 2005 führt sie ihr bundesweit einzigartiges Schulprojekt „Junger Rat für Mast" durch.

Kerstin Plehwe

Gründerin des Internationalen Instituts für Politik und Gesellschaft und Vorsitzende der überparteilichen Initiative ProDialog in Berlin. Die langjährige Beraterin von Führungskräften versteht sich als Grenzgängerin zwischen Wirtschaft, Politik und Zivilgesellschaft. Als Kommunikationsexpertin hat sie zahlreiche internationale Wahlkämpfe und Kampagnen analysiert, für Hörfunk und Fernsehen kommentiert sowie mehrere Bücher veröffentlicht. Zudem engagiert sie sich in unterschiedlichen gemeinnützigen Organisationen und hält verschiedene Lehraufträge. Nach Lebensstationen in Südafrika, USA und Japan lebt sie heute in Berlin und Hamburg.

Margret Rasfeld

Margret Rasfeld hat als Schulleiterin den Aufbau der bundesweit profilierten und vielfach ausgezeichneten AGENDA-Schule Essen-Holsterhausen geprägt. Jetzt entwickelt sie an der 2007 gegründeten Evangelischen Gemeinschaftsschule Berlin Zentrum ein anspruchsvolles Reform-Schulprogramm und setzt es mit ihrem engagierten Team um. Demokratiepädagogik und die Förderung zivilgesellschaftlichen Engagements sind seit zwei Jahrzehnten Schwerpunkte ihrer Schulentwicklungspraxis. Sie ist eine gefragte Referentin und mit ihrem Erfahrungsschatz beratend für Schulen, Bildungsprojekte, Stiftungen und Vereine tätig. Ihre Visitenkarte: die „MUTkarte"!

Peter Ruhenstroth-Bauer

Peter Ruhenstroth-Bauer ist seit 2006 in der Kommunikationsbera-
tung tätig (www.KommunikationundStrategie.de). Daneben ist er
Lehrbeauftragter der Universität Potsdam und der Hochschule Mag-
deburg zum Thema „Regierungskommunikation". Seit 2008 ist er
Mitglied im Beirat der Initiative ProDialog. Zuvor war er u.a. in Bonn
Parlamentskorrespondent für den Hörfunk, ab 1998 stellvertretender
Chef des Presse- und Informationsamtes der Bundesregierung und in
der 15. Legislaturperiode Staatssekretär im Bundesministerium für
Familie, Senioren, Frauen und Jugend. Im Ehrenamt ist er Vorsitzender
des Berliner Beirats für Familienfragen (www.familienbeirat-berlin.de).

Michael Rump-Räuber

Michael Rump-Räuber ist seit 2002 am Landesinstitut für Schule und
Medien in Berlin und seit 2008 auch in Brandenburg tätig. Vor dem
Hintergrund der rechtsextremen Vorfälle gründete er 2001 das Projekt
„Standpunkte – Pädagoginnen und Pädagogen gegen Rechtsextremismus". Im Rahmen der Leitung dieses Projekts wuchs die Kenntnis,
dass demokratische Schulen die beste Prävention gegen rechte Gewalt
darstellen. Er beschäftigte sich intensiv mit der Demokratiepädagogik
und wurde in diesem Themenfeld Berater. Er arbeitete als Netzwerk-
koordinator im BLK Modellversuch „Demokratie lernen und leben"
und als Projektleiter in den deutsch-amerikanischen Demokratie-
projekten „Hands across the campus" und „Hands for kids". Er ist
Historiker, Erzieher sowie Lehrer und absolvierte vor kurzem ein
Masterstudium in den Bereichen Schulentwicklung und Qualitäts-
sicherung. Im Rahmen längerer Auslandsaufenthalte beschäftigte er
sich u.a. mit der Demokratiepädagogik in Israel und den USA.

Ulrich Schneekloth

Leiter des Bereichs „Familie, Bildung, Bürgergesellschaft" bei TNS Infratest Sozialforschung. Seit 2002 ist er bei Infratest für die Shell Jugendstudie zuständig. Als einer der verantwortlichen Autoren hat er seitdem die 14. Shell Jugendstudie 2002, die 15. Shell Jugendstudie 2006 sowie aktuell die 16. Shell Jugendstudie 2010 maßgeblich mit erstellt. In seinem Verantwortungsbereich liegen außerdem die World Vision Kinderstudien von 2007 und 2010 sowie die Studien zu den Möglichkeiten und Grenzen selbständiger Lebensführung (MuG I bis IV) zur Lebenssituation von Hilfe- und Pflegebedürftigen. Hinzu kommt als weiterer Schwerpunkt die Durchführung von methodisch hoch anspruchsvollen Bevölkerungsumfragen in Kooperation mit Auftraggebern aus dem akademisch-wissenschaftlichen Bereich.

Olivier Toche

Olivier Toche hat Volkswirtschaft und Maschinenbau an der Université Panthéon-Sorbonne studiert und sein Studium an der Ecole nationale d'administration abgeschlossen. Er ist Direktor des Institut national de la jeunesse et de l'éducation populaire, dem französischen nationalen Institut für Jugend und außerschulische Bildung. Das Institut ist ein Forschungs- und Dokumentationszentrum zu den Bereichen Jugend und Jugendpolitik und wird vom französischen Jugendministerium unterstützt. Toche hat sich zudem während seiner Tätigkeit in der Aufsichtsbehörde für soziale Angelegenheiten und im Kulturministerium Frankreichs mit sozialen und kulturellen Themen und Problemstellungen beschäftigt.

Prof. Dr. Franziska Wächter

1969 in Gardelegen in Sachsen-Anhalt geboren, studierte sie an der Ludwig-Maximilians-Universität München Soziologie, Psychologie und Betriebswirtschaftslehre. Während ihres Studiums absolvierte sie eine Ausbildung am Deutschen Forschungszentrum für Direktmarketing (DFD) an der Bayerischen Akademie für Werbung und Marketing. Nach ihrem Abschluss war sie vier Jahre wissenschaftliche Mitarbeiterin am Institut für Soziologie der Universität Rostock. Von 2000 bis

2010 war sie als wissenschaftliche Referentin am Deutschen Jugend-institut e.V. in München tätig. In 2006 übernahm sie die Professur für Soziologie an der Fakultät für Soziale Arbeit der Katholischen Universität Eichstätt-Ingolstadt. Seit September 2010 hat sie die Professur für Empirische Sozialforschung an der Evangelischen Hochschule für Soziale Arbeit in Dresden inne. Ihre Arbeitsschwerpunkte liegen im Bereich Jugend, Politik und Partizipation, Jugendhilfe und soziale Ungleichheit.

Sigune Wieland

Sigune Wieland ist seit 2007 wissenschaftliche Mitarbeiterin bei Katja Mast MdB und Büroleiterin des Wahlkreisbüros in Pforzheim. Sie hat an der Universität Trier Soziologie, Politik und VWL studiert und schreibt berufsbegleitend an ihrer Doktorarbeit über Familienmodelle. Seit 2009 gestaltet sie als Gemeinderätin in Straubenhardt Kommunalpolitik. Als Projektleiterin von „Junger Rat für Mast" verantwortet sie die Ausrichtung und Durchführung.

Christian Zentner

Christian Zentner ist seit 2008 als Referent in der Verwaltung des Deutschen Bundestages tätig. Nach zwei Jahren als stellv. Leiter des Referates für Ausbildung, Fortbildung und Sozialaufgaben kümmert er sich seit Mai 2010 im Bereich Presse und Kommunikation um die Konzeption und Weiterentwicklung der Internetangebote des Bundestages. Einen Schwerpunkt bilden dabei die Internetportale für Kinder und Jugendliche. Vor seiner Zeit in der Bundestagsverwaltung war Christian Zentner u.a. zwei Jahre Leiter eines Hörfunkstudios in Kaiserslautern. Er studierte Rechtswissenschaften an der Universität Trier, ist Volljurist und zudem ausgebildeter Redakteur.

Claudia Zinke

Claudia Zinke, geboren 1963, ist seit Januar 2009 Berliner Staatssekretärin für Bildung, Jugend und Familie. Die seit 1982 im Land Berlin beschäftigte Beamtin war in den Bereichen Haushalt, Personal und Organisation bei den Senatsverwaltungen für Finanzen, Inneres und Wissenschaft, Forschung und Kultur tätig. In den Jahren 2002 bis 2005 leitete sie das Büro des damaligen Finanzsenators Dr. Thilo Sarrazin. Von 2005 bis 2008 war sie als Referats- und stellvertretende Leiterin der Haushaltsabteilung der Senatsverwaltung für Finanzen tätig. Sie betreute dort im Spiegelreferat die Einzelpläne für Wissenschaft, Forschung und Kultur sowie später für Bildung, Wissenschaft und Forschung. Als Vorsitzende der Sportjugend Berlin hat Claudia Zinke die größte Jugendorganisation der Stadt 10 Jahre ehrenamtlich geführt.

Endstation Misstrauen? Einsichten und
Aussichten für Politik und Gesellschaft
Kerstin Plehwe (Hrsg.)

Verlag: Helios Media GmbH, Berlin
ISBN: 3-9811316-1-4

Skepsis und Misstrauen prägen zunehmend das Verhältnis
zwischen Bürgern und Politikern. Dies spiegelt sich oft in den
Medien unter dem Stichwort „Politikverdrossenheit" wieder.
Konkrete Lösungsansätze fehlen aber noch oftmals.

Klar ist aber: Es besteht ein akuter Handlungsbedarf, verloren
gegangenes Vertrauen durch einen verstärkten Dialog zwischen
Politikern und Bürgern wieder aufzubauen.

Der Sammelband Endstation Misstrauen? Einsichten und Aussichten für Politik und Gesellschaft beleuchtet die Ursachen des Vertrauensverlustes gegenüber Politikern und Parteien aus den unterschiedlichen Blickwinkeln von Politik, Wirtschaft, Wissenschaft und Gesellschaft.

Die Autoren sowie die Herausgeberin Kerstin Plehwe, die Vorsitzende der Initiative ProDialog, präsentieren eine vielschichtige Analyse, die viele Lösungsansätze und Anregungen für einen neuen gesellschaftlichen Dialog enthält.

Die Kampagnenmacher
Kerstin Plehwe (Hrsg.)

Verlag: Helios Media GmbH, Berlin
ISBN: 3-98113-165-7

An Hand von internationalen Best-Practice Beispielen werden
die Strategien und Instrumente erfolgreicher Kampagnen aus
Politik, Wirtschaft und Zivilgesellschaft aufgezeigt.

Das Buch gibt Kommunikationsverantwortlichen und interessierten Lesern Einblicke in erfolgreiche Kampagnenführung
und soll dazu ermutigen, neue Wege in der Kommunikation
anzuwenden.

„Die Kampagnenmacher" zeigt die massiven gesellschaftlichen
und medialen Veränderungen, sowie die daraus resultierenden
Konsequenzen für erfolgreiche Kommunikation auf. Dabei gewährt das Buch wertvolle Einblicke
hinter die Kulissen, u.a. in Kampagnen des Bundesministeriums für Umwelt, Naturschutz und
Reaktorsicherheit, Greenpeace, des Niederländischen Gesundheitsministeriums, der Österreichischen Volkspartei sowie der Firma Unilever.

Im Ergebnis wird deutlich, dass sich die Grundlagen effektiver Kampagnenführung verändert haben
und es sowohl neuer Wege als auch veränderter Strategien bedarf, um Menschen nachhaltig
zu erreichen.

Demokratie leben lernen

Von der Botschaft zur Bewegung
Die 10 Erfolgsstrategien des Barack Obama
Kerstin Plehwe mit Maik Bohne

Verlag:	Hanseatic Lighthouse, Hamburg
ISBN:	978-3-9812629-1-9

Menschen überzeugen und begeistern – welcher Politiker, welches Unternehmen will das nicht? Barack Obama hat dies nicht nur erfolgreich vorgemacht, sondern wurde auch zum Inbegriff eines neuen, authentischen Politikers. Mit seiner modernen und mutigen Art der Kommunikation und Kampagnenführung hat er auch Menschen überzeugt, die eigentlich mit Politik nichts zu tun haben wollten. Barack Obama wurde allen Widrigkeiten zum Trotz vom Nobody zum Shooting Star, schlug die Top-Favoritin Hillary Clinton aus dem Rennen und erreichte weltweite Anerkennung für seine Fähigkeit, aus einer simplen Botschaft eine erfolgreiche, Millionen Menschen starke Bewegung zu machen.

Die Politik- und Wirtschaftsberaterin Kerstin Pehwe blickt mit dem Politikwissenschaftler Maik Bohne hinter die Kulissen dieses faszinierenden Erfolgsbeispiels und zeigt praxisnah, was Unternehmer, Politiker und Manager in Deutschland von Barack Obama lernen können. Erfahren auch Sie die 10 Erfolgsstrategien des Barack Obama!

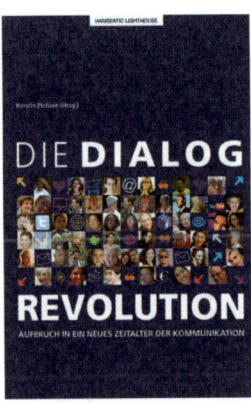

Die Dialogrevolution – Aufbruch in ein neues Zeitalter der Kommunikation
Kerstin Plehwe (Hrsg.)

Verlag:	Hanseatic Lighthouse, Hamburg
ISBN:	978-3-9812629-2-6

Dialog wirkt – das wissen kluge Kommunikationsexperten spätestens seit dem fulminanten Wahlkampf Barack Obamas. Die eindimensionale Kommunikation über die alten Massenmedien reicht heute nicht mehr aus, um Menschen von einer Botschaft zu überzeugen. Es ist der direkte Dialog auf Augenhöhe mit Konsumenten, Wählern, Mitarbeitern oder Spendern, der Kommunikation eine ganz neue Dimension und Tiefe verleiht. Botschaften müssen in der Gesellschaft leben, um Gehör zu finden. Das ist der Anspruch an Kommunikation im 21. Jahrhundert.

Im diesem Herausgeberband kommen Kommunikationsexperten zu Wort, die in ihren Kampagnen etwas Neues gewagt haben, die innovative Wege der Dialogkommunikation gegangen sind. Mit vielen spannenden Best-Practice Beispielen aus Politik, Wirtschaft und Zivilgesellschaft geben die Autoren praxisorientierte Anregungen für neue Ideen und Strategien im Bereich des Marketings, die eines zeigen: Wir können und sollten voneinander lernen!

Weitere Publikationen und Informationen der Initiative ProDialog finden Sie unter:
www.prodialog.org